现代篮球运动训练理论与方法研究

贺友平　著

全国百佳图书出版单位　吉林出版集团股份有限公司

图书在版编目（CIP）数据

现代篮球运动训练理论与方法研究 / 贺友平著. -- 长春：吉林出版集团股份有限公司，2023.1

ISBN 978-7-5731-2895-9

Ⅰ.①现… Ⅱ.①贺… Ⅲ.①篮球运动-运动训练-研究 Ⅳ.①G841.2

中国版本图书馆 CIP 数据核字（2022）第 257190 号

XIANDAI LANQIU YUNDONG XUNLIAN LILUN YU FANGFA YANJIU

现代篮球运动训练理论与方法研究

著：贺友平
责任编辑：朱 玲
封面设计：雅硕图文
开 本：720mm×1000mm 1/16
字 数：200 千字
印 张：10.75
版 次：2023 年 1 月第 1 版
印 次：2023 年 1 月第 1 次印刷

出 版：吉林出版集团股份有限公司
发 行：吉林出版集团外语教育有限公司
地 址：长春市福祉大路 5788 号龙腾国际大厦 B 座 7 层
电 话：总编办：0431-81629929
印 刷：三河市金兆印刷装订有限公司

ISBN 978-7-5731-2895-9 定 价：62.00 元

前 言

篮球运动起源于1891年，起源地是美国的马萨诸塞州，创始者为奈史密斯博士。篮球运动是由一种游戏发展而成的一项世界性体育运动。随着世界体育的科学化进程，人们对篮球运动价值功能的认识和开发、对其运动方式方法的规范等逐渐形成了一套相对完备的教学、训练和竞赛的理论与实践科学体系，进而推动了篮球运动在全球范围的发展，为世界和平、人类和谐与全面发展做出了贡献。篮球是一项在世界范围内都广泛开展的重要体育运动项目，它既能增强体质，发挥身体各器官的系统机能，又能缓解学习压力，对个体的个性、自信心、情绪控制、意志力、进取心、自我控制与约束等方面的发展都有益处。

篮球训练的主要任务是使学生的技术、技能由会到熟练掌握，提高其运用能力，发展其技术水平。篮球运动训练的过程包括：起始状态的诊断、目标的建立、训练计划制定、组织实施、检查与评定以及目标的实现等环节。篮球训练是在教练员的指导和运动员的参与下提高运动员竞技能力的一种特殊的教育过程。在此过程中，教练应根据篮球训练的目标和原则，运用科学的训练方法和手段，结合运动员的发展特点，对运动员的身体素质、技能、战术、心理、智力等素质进行教育和训练。这个教育过程是为创造优秀的体育成绩做准备，在很大程度上也是为了满足"金牌"或社会对竞技篮球的需要。因此，为了以最短的时间和最少的精力提高运动员的篮球竞技能力，科学合理的篮球训练方法是必不可少的内容，在一定的程度上，篮球训练方法的好坏直接决定了运动员的竞技能力水平。

现代篮球训练方法是教练进行篮球训练完成训练任务、提高篮球运动员竞技能力的一种应用工具。篮球训练方法的不断创新和科学应用对篮球运动的整体发展水平提升有着较大的影响。篮球科学训练方法的诞生不仅是科学训练原则的具体体现，而且是对科学训练时间的高度概括。因此，正确认识和掌握不同的篮球训练方法具有重要的意义。目前，市面上已经出现了一些有关篮球运动训练理论与方法的著作，《现代篮球运动训练理论与方法研究》一书从更加系统、全面的角度分析了篮球训练理论以及方法的相关内容。

本书是一本篮球运动训练理论与方法的著作，共分为八章。本书一共分为三个不同的部分进行论述，其中第一章至第二章主要是围绕篮球运动及训练的相关内容展开分析，探讨了篮球运动的相关基础性知识以及现代篮球运动训练的理论基础；第三章至第七章主要是围绕篮球运动训练方法的相关内容展开分析，依次分析了现代篮球运动的基本技术训练、战术训练、运动员的体能训练、心理训练以及篮球意识的培养等内容。第八章则深入地探讨了现代篮球运动训练的保障，即运动员的营养、损伤和康复等内容，层次鲜明，内容新颖。

全书以篮球运动训练理论与方法为主题，分析和论述了当前相关领域的研究成果，并在此基础上提出了自己的理论和见解。在具体语言表达过程中，作者考虑到不同读者阅读和理解水平的差异，因此选用了平实的语言，有利于学习者的参阅与学习。在本书写作过程中，作者查阅了大量的国内外资料和文献，吸收了很多与之相关的最新研究成果，借鉴了许多专家学者的观点，并在此基础上形成了一家之言。但是，由于时间仓促和个人能力有限，本书可能还存在很多不足之处，希望读者指教。最后，作者对给予本书巨大帮助的各位朋友致以最诚挚的感谢。

目 录

第一章 篮球运动概述 …… 1
第一节 篮球运动的起源和发展 …… 1
第二节 篮球运动的特点和价值 …… 8
第三节 中国的篮球运动 …… 12
第四节 篮球运动文化 …… 18
第二章 现代篮球运动训练的理论基础 …… 22
第一节 篮球运动训练的学科理论基础 …… 22
第二节 篮球运动训练的理念和基本原理 …… 27
第三节 篮球运动训练的原则和方法 …… 33
第四节 篮球运动训练的质量监控 …… 41
第三章 现代篮球运动的基本技术及训练 …… 45
第一节 篮球运动的基本技术 …… 45
第二节 篮球运动技术的训练方法 …… 50
第四章 现代篮球运动的基本战术及训练 …… 60
第一节 篮球运动的基本战术 …… 60
第二节 篮球运动战术的训练方法 …… 70
第五章 现代篮球运动员的体能训练 …… 80
第一节 篮球热身运动 …… 80
第二节 篮球力量素质训练和速度素质训练 …… 82
第三节 篮球耐力素质训练和灵敏素质训练 …… 88
第四节 篮球柔韧素质训练和弹跳素质训练 …… 92
第六章 现代篮球运动员的心理训练 …… 101
第一节 篮球运动员心理训练的方法和意义 …… 101
第二节 篮球运动专项心理素质 …… 106

第三节　篮球比赛心理训练……………………………………………………… 116
第七章　现代运动员篮球意识的培养……………………………………………… 123
第一节　篮球意识的基础知识…………………………………………………… 123
第二节　篮球意识的重要性以及影响因素……………………………………… 128
第三节　篮球训练中篮球意识的培养途径分析………………………………… 132
第八章　现代篮球运动训练的保障——运动员的营养、损伤和康复 ……… 139
第一节　篮球运动员的营养……………………………………………………… 139
第二节　篮球运动的疲劳与恢复训练…………………………………………… 146
第三节　篮球运动的损伤与预防………………………………………………… 152
第四节　篮球运动员损伤的治疗以及康复训练………………………………… 158
参考文献………………………………………………………………………… 163

第一章　篮球运动概述

篮球运动是一项世界性的体育运动。一百多年来，篮球运动在世界范围内得到了广泛的普及和发展，随着美国 NBA 的迅速发展，篮球文化也引起了人们的广泛关注，它在政治、经济、文化、外交等人类生活中的影响不断扩大。本章首先分析了篮球运动的起源和发展，进一步论述了篮球运动的特点和价值，探讨了中国的篮球运动，最后详细地研究了篮球运动文化的相关内容。

第一节　篮球运动的起源和发展

一、篮球运动的起源

16 世纪阿兹特克人在墨西哥的球类运动是篮球运动的前身。当实心橡皮球投入挂在运动场一边高处的石圈里面时，赢队的球员就有资格获得全场观众的衣服，而输队的队长则要被砍头。

在全世界的范围内，最早发明并且推广篮球这项运动的人就是美国一所训练学校的一个体育教师，他的名字就是詹姆斯·奈史密斯博士（Dr. James Naismith）。实际上，奈史密斯博士的这项发明具有十分重要的价值和意义，对人类体育运动的发展产生了不可估量的影响。当时他是在一定的契机之下发明的篮球运动，即当时的美国遇到了十分恶劣的天气，室外突然就遭遇了极其罕见的暴风雪天气，这个时候室外下着非常大的暴雪，因而气温也比室内低很多，学生不愿在严寒的冬季进行室外运动，而又缺乏适合在室内开展的球类竞赛项目，奈史密斯决心变化一下室内体育课的内容。在他们生活的那个地方盛产桃子这种水果，因而在当地人的日常生活中人们经常随处可以看到一些桃子筐，于是在当地奈史密斯就经常能够看到如下场景，即桃子园里面工作的工人以及儿童等经常会拿着球扔向地上的桃子筐中，能够准确投进桃子筐中的人就可以获得一定的分数。当地人把这种活动当作一种游戏，并且从这种游戏中获得了很大的乐趣。奈史密斯看到这种游戏后深有感触，这也渐渐地启发了奈史密斯发明了篮球这项深受大众喜爱的运动。随后奈史密斯博士就亲自主持了第一场激烈的篮球比赛，从而鼓舞和振奋了很多年轻人。

在最初发明篮球这项运动时，奈史密斯博士是把两个体积和重量都差不多的桃篮钉在一个健身房的栏杆中，这两个不同的桃篮之间保持一定的距离，同时需要固定好桃篮的位置，使它能够在水平的位置上，同时桃篮的口向上。一般情况下，奈史密斯设计的是让桃篮和地面保持一定的高度，大约为 10 英尺的高度，这样也便于人们向不同的桃框中投入球。在当时的这个游戏中，人们还没有发明出专门的篮球，因而当时人们就使用足球作为工具进行投篮游戏。当游戏者向桃篮中投入一个球时，这个人就可以获得一分，以此类推进行游戏。当时的游戏者就是根据投篮的分数来评判游戏的胜负。由于在最初时人们是使用桃篮来进行游戏，因而这项运用也被人们十分形象地称之为“篮球”。随着“篮球”这项运动的发展，人们也在运动中不断地改进篮筐的材质以及位置等，从而使篮球这项运动变得逐渐现代化。

在 1939 年的时候，奈史密斯博士逝世。奈史密斯博士为篮球运动的产生和发展做出了巨大的贡献，因而为了使更多人尤其是热爱篮球的人能够认识和记住奈史密斯博士，在 1950 年，国际篮联组织就决定把世界男子篮球锦标赛的金杯使用奈史密斯博士的名字进行命名，即把它命名为“奈史密斯杯”，这样也能够使人们更好地缅怀奈史密斯博士。

为了纪念他对体育和人类文化做出的巨大贡献，在 1959 年时，美国在一所著名的大学中建立了一个世界知名的篮球纪念馆，从而使每一届的学子都可以铭记篮球运动发展史上这位重要的人物。当时他们选择的大学就是春田大学。

在篮球运动刚开始发明以及流行的初期，人们在篮球运动中使用的篮球规则是相对比较简单的，而且当时的篮球参与者在篮球运动中也不会受到很多规则以及环境的限制。也就是说，在最初的篮球运动以及篮球比赛中，只要篮球双方参加的人数是相同的，这项比赛就可以进行，人们在当时根本就不需要考虑比赛的场地面积、条件以及时间等各种影响的因素。随着篮球运动被越来越多的人认识和了解，奈史密斯也在不断地思索着篮球这项运动的开展，因而在 1892 年的时候，奈史密斯在分析了大量篮球训练以及比赛的基础之上制定了第一部篮球的比赛规则，当时这个规则主要包含 13 条规则，其相对比较简单，并没有很复杂的构成体系等。奈史密斯制定这部规则的主要目的就是为了规范运动员在比赛中的各种行为等，从而促使比赛更加公平公正。这部规则的内容主要就是要求篮球运动员在真实的比赛中一定要能够做到持球跑，不能在比赛的过程中出现不文明且粗鲁的行为，它同时要求运动员在比赛中不能够使用拳击球等等。在最初的时候，篮球比赛的双方人数都较多，如 10 人，后来随着比赛的推行，人们发现每个篮球队 10 人有点多，难以高效地发挥每个篮球队员的篮球技能，因而渐渐地人们就不断地缩减篮球队伍的人数，经过摸索最终在 1893 年的时候确立了每个篮球队伍中的人数为 5 人，这个人数也得到了很多篮球人士的验证和认可。在 1915 年时，美国就在全国的范围内制定了统一的篮球竞赛规则，这样美国各个地区组织的篮球竞赛都可以采用这个统一的标准，这也使得篮球运动可以在很多地方推广和流行。随后这个篮球规则也被世界各地很多国家的篮球运动员使用和推广。

二、篮球运动的发展

（一）初创试行时期

初创和试行时期指的是 19 世纪 90 年代—20 世纪 20 年代。在 19 世纪 90 年代时，篮球这项运动才刚刚被发明出来很短的时间，因而在当时的篮球运动中，人们只是尽情地享受篮球这项运动带来的乐趣和无限的活力，还没有根据现实的情况制定出大量的篮球运动以及篮球比赛规则。换句话说，在篮球运动的初创试行时期，篮球运动以及各项篮球比赛都具有较强的灵活度，篮球的参与者不需要考虑场地的环境、面积以及天气等因素的限制，人们只需要具备一定基础的条件就可以开展篮球运动。例如，人们在一个室内的环境中寻找一块空地，然后在空地的两端各放置一个桃筐，接着把参加运动的人按照相同的个数分为两个不同的队伍，从而开始进行比赛。在最初时，人们在参加篮球运动时也只是制定了十分简单和容易操作的运动规则，便于人们更好地理解和开展运动。

在 1892 年时，奈史密斯在充分地观察篮球运动以及了解人们运动规律的基础之上开始对篮球的规则进行适当的调整。他根据篮球比赛的需求把篮球的场地进行了实际的区域划分，即按照人们进攻方向的不同，篮球的场地大致地可以划分为后场、中场以及前场。同时奈史密斯还对篮球比赛的很多细节做出了详细的规定以及要求，这样就使得篮球这项运动变得越来越科学，同时保证了比赛的公正与公平。在这一段时间内，奈史密斯提出并且不断地补充了篮球运动的各项规则以及要求等，这项举措具有十分重要的意义，这也是篮球这项运动不断完善和发展的重要环节。这些新增加的规则和要求很多，而且十分明确。例如，第一，通常情况下，一场篮球比赛的时间是固定不变的，即一场比赛包含前、后两场，而且这两场的时间是相同的，都是 15 分钟。在两场比赛的中间，队员们可以休息 5 分钟的时间。第二，在具体的篮球比赛中，如果比赛的时间已经到了，然而篮球比赛的双方分数是一致的，这个时候双方篮球的队长就需要商量是否需要延长比赛的时间，如果双方队长都同意延长比赛的时间，则他们可以继续进行比赛，这个时候最先投进球的队伍就获得了本次篮球比赛的胜利；第三，在实际的篮球比赛中，双方的篮球运动员一定要秉承着尊重对方球员的原则，即在比赛中文明用语，不能够在肢体上故意地伤害对方球员或者用脚踢以及殴打对方球员，这些行为都是不允许的，都是犯规的行为等。一旦在篮球运动中出现了犯规的行为，那么裁判就会根据实际的情况做出惩罚的判断，从而使比赛更加公平、有序。

从那之后，篮球比赛的场地开始变得越来越规范，人们也开始在篮球比赛的场地中增加很多限制线，如现代人在从事篮球这项运动时都十分熟悉的中圈以及罚球线等限制线。后来，随着篮球运动的进一步发展，篮球场地中又增加了一些限制线，如中场线等，这些限制线的作用十分明显，就是用来规范篮球比赛中双方队员的各种犯规或者不正确的行为等，从而保护篮球队员的利益。在篮球场地的发展过程中，人们不仅在比赛场地中添加了很多具有重要意义的限制线，人们也在逐渐地丰富和改变篮筐的形式以及材质等，从而寻找最适合的篮筐形式。也就是在这个时期，篮球运动已经具备了现代篮球运动的雏形。

从篮球这项运动被发明一直到 20 世纪 20 年代左右时期，虽然人们已经从事了一段时间的篮球运动，然而在全世界的范围内，人们并没有制定出国际统一的篮球运动规则。各个国家的篮球参与者只是在一些基础的篮球规则上达成了一致的看法，如在具体的篮球比赛中，一般比赛的双方都包含 5 个队员，即基本上固定为 5 人参赛。此外，在篮球的这个发展阶段中，运动员在篮球比赛中都没有形成系统、成熟的篮球技术以及战术，人们对篮球的各项技能以及战术等都处于一种朦胧的探索阶段。

从 1891 开始一直到 1920 年期间，当时的篮球运动发展还处于初级阶段，因而并没有很强的竞争性特征，而是具备了较强的趣味性，因而这项运动在极短的时间内被很多美国教会学校里面的学生认可和喜爱，这在一定的程度上推动了篮球这项运动的发展。此外，在这段时间内，很多美国的基督教徒以及留学生等通过留学以及传教等各种不同的方式把篮球运动带到了欧洲以及非洲的很多国家，从而使篮球这项运动可以在较短的时间内在全世界的范围内获得十分广泛的传播。

（二）完善推广时期

20 世纪 30 年代左右的时期，篮球这项运动在全世界的范围就获得了快速的发展，这个时候篮球的推广主要集中在如下四个大洲的不同国家中，即集中在欧洲、非洲、亚洲以及大洋洲。随着越来越多的人开始尝试篮球这项运动，人们也在尝试的过程中不断地摸索和改进篮球运动的各项技术以及战术等，从而使篮球这项运动更加具有竞技性，也更加能够体现团队协作等。具体分析而言，在最初的篮球运动中，运动员往往习惯于单兵作战，他们还没有掌握很多篮球的运动技巧以及团队协作的战术等，因而他们也难以在篮球比赛中获得较高的分数。然而随着篮球运动的发展，人们渐渐地学习并且掌握了很多先进的篮球技术以及战术等，如掩护以及协防操作等，这也提升了运动员在篮球中的得分率。在 1932 年，为了使更多国家的人了解并且接触篮球，即大面积地推广篮球这项运动，于是当时就有八个国家联合在瑞士的日内瓦成立了一个专门负责篮球运动事务以及推广的组织，那就是国际业余篮球联合会，这个组织的成立对于篮球运动的推广发挥了十分积极的作用。需要强调的是，当时参与这个组织的八个国家分别为：葡萄牙、罗马尼亚、瑞士、意大利、希腊、拉脱维亚、捷克斯洛伐克、阿根廷。随着国际业余篮球联合会成立，这个国际组织也开始制定一些篮球运动的基本规则以及国际范围内的统一竞赛标准等，这也为篮球的国际化发展奠定了重要的基础。在篮球运动的发展历程中，其中具有里程碑的节点就是在 1936 年举办的第 11 届德国柏林奥运会中，男子篮球终于被奥委会列为奥运会的正式比赛项目，这对于篮球的发展具有重要的意义，它也标志着篮球这项运动从此开始走上了世界性的竞技舞台，并且开始被世界范围内更多的人了解和热爱。

到了 20 世纪 40 年代，篮球运动已经获得了一定程度的发展，这个时候篮球运动员也已经掌握了一定的篮球技术以及战术等，他们的篮球运动水平已经得到了进一步的提升。由此我们可以看到，在很多地方的篮球队伍中出现了大量的身材高大的篮球运动员，他们的身形等使得他们在篮球运动中获得了更多的优势，他们也在一定的程度上成为耀眼的篮球明星。在这个阶段中，篮球的专业人士也在进一步调整、修改并且不断地完善篮球的各项竞赛规则等，从而使各项规则更加具体和详细，这也使得篮球运动员在赛场中的利益得到极大的保障。随着篮球技术以及战术的发展，篮球的战术开始渐渐地朝着集体对抗的这种方向发展，而且在这个时候篮球的运动中还出现了很多新颖的战术，这也便于篮球运动员的配合和掩护，从而为队伍赢得更高的分数。总之，20 世纪的三四十年代就是篮球这项运动的完善和推广时期。

（三）普及发展时期

到了20世纪的五六十年代，这个时候篮球这项运动已经开始在全世界很多国家推广并且被很多人尝试，这也不断地提升了篮球这项运动在世界范围内的普及率。在这个时期，篮球运动的技术以及战术等关键的环节都已经取得了较大的发展，篮球运动员在比赛中不仅能够锻炼身体，还能够获得很多乐趣、成就感以及团队合作带来的幸福感等。这个时候篮球运动开始对篮球运动员的外在条件有了一定的要求，其中比较重要的就是篮球运动员的身高。当时人们重视篮球运动员的身高是因为他们发现在具体的篮球竞赛中，运动员的身高是一个十分重要的影响因素，有的时候甚至对一场篮球比赛的结果能够产生决定性的影响，因而从那个时候起，篮球运动就格外关注篮球运动员的身高。在这种思想的影响下，当时很多国家的篮球队伍在选择运动员时都会选择身形高大的运动员，这也渐渐地形成了一种受人欢迎的篮球打法，即教练让身形高大的篮球运动员当作中锋的打法，并且对整个国际篮球发展都产生了影响。

在20世纪50年代的时候，人们根据现实的需求调整和扩大了篮球的攻守区域，这也能够提升篮球运动员的技术和战术运用的效率。到了20世纪60年代时，世界上各个国家都已经在长期的篮球训练以及比赛中总结并且得出了适合本国运动员的篮球打法以及技战术，这样也使得世界范围的篮球运动变得越来越多样化。例如，美国篮球运动队伍的特点就是运动员的高度、速度和技巧完美结合，这也是一种十分典型的美洲型打法，而苏联篮球运动队伍的特点就是运动员的高度、力量和速度较好结合起来，这也是一种相对比较典型的欧洲型打法。当时的中国和韩国的篮球运动队伍的特点就是矮、快、灵以及准等相互结合，这也是一种十分典型的亚洲型打法。由此可见，虽然各个国家和地区的篮球打法不同，但是每个国家都在不断地探索和摸索篮球运动的发展模式以及技术和战术等，这些都是有益的尝试和探索。总而言之，20世纪五六十年代就是篮球这项运动的普及和发展时期。

（四）全面提高时期

到了20世纪70年代之后，篮球运动事业也迎来了发展的重要时期，这个时期在很多篮球运动的队伍中出现了一个现象，那就是各个篮球运动的队伍中都涌现出了很多身高超过2米的篮球运动员，这就使得篮球这项运动的竞赛开始变得越来越激烈。这个时候篮球运动的特点就是：大多数篮球运动员的身高都已经超过了2米，因而他们在激烈的篮球运动中把比拼的重点转移到了篮球的空间技巧上面，因而当时也有人形象地把当时的篮球运动称之为这些“巨人”的空间游戏，这样的说法十分形象。需要强调的是，当大多数篮球运动员的身高都超过 2 米之后，篮球运动的规则制定者也开始积极地调整和完善当时的篮球规则，从而对这些身高有优势的篮球运动员的进攻进行一定的限制，否则这就会严重地挫伤身高较矮的篮球运动员的自信心以及积极性。很明显，有些身高较矮的篮球运动员可能十分热爱打篮球，他们也熟练地掌握了篮球的各种运动技术以及运动战术等，如果因为身高的原因无法取得理想的篮球成绩，他们可能会十分气馁，甚至可能会放弃篮球这项职业。在随后的发展中，篮球运动还是不断出现了很多新型的篮球战术，这也使篮球的进攻和防守都更加具有技巧性，也更加需要篮球运动员投入大量的时间来学习、研究和研究。总而言之，20 世纪的七八十年代就是篮球这项运动的全面提升的时期。

（五）创新攀登时期

到了 20 世纪 90 年代之后，人类的科技等都获得了较大的发展，这也对篮球运动产生了较大的积极影响。这个时期篮球运动也找到了新的发展方向，那就是国际奥委会经过商量和决议之后允许职业的篮球运动员参加奥运会的比赛，这也是对篮球这项运动的认可，这同时也能够在一定的程度上推动篮球运动向全世界范围的推广和发展。在 1992 年举办的巴塞罗那奥运会上面，世界知名的篮球运动明星乔丹以及约翰逊等人向全世界的人们都展示了高超的篮球技艺，这不仅震撼了很多人，同时也使当时世界上很多年轻人的心中种下了一颗篮球的运动种子，从而为之奋斗和努力。随着时间的推移，很多国家的篮球运动员也在不断地提升自身的篮球技艺，因而慢慢地就形成了一种大洲对抗的格局，这也是篮球运动形成的新格局，即美洲和欧洲这两个大洲的篮球对抗。

进入 21 世纪之后，人类的工业化进程不断推进，人类的科技以及信息技术都获得了较大的发展，这也促使篮球运动获得了新的发展，即篮球运动的整体结构变得更加完善，篮球运动的队伍更加讲求效率，篮球运动员的各项身体机能也获得了提升，同时人们也开始尝试着把先进的技术手段等融入篮球运动中，从而丰富篮球运动的技术和战术种类。由此可见，20 世纪 90 年代至今是篮球运动发展的创新以及攀登时期，人们不断创新和丰富篮球的技术手段以及战术战略，从而推动篮球运动在 21 世纪可以获得快速的发展。

总而言之，在现代化信息化的社会中，现代篮球运动获得了空前的发展，不管是现代的男子篮球运动项目还是女子的篮球运动项目，其都在发展的过程中朝着更高、更快、更准、更全的方向发展。而且现代篮球运动的各项运动技术以及战术等都发展十分迅速，这也提升了篮球这项运动的价值，使人们不仅可以观看激烈且气氛紧张的篮球比赛，同时使人们学习和了解不同的篮球运动文化等，从而促进不同文化的交流和融合。

第二节　篮球运动的特点和价值

一、篮球运动的特点

（一）篮球组织具有集体性

篮球运动是同场对抗性项目，整个运动过程都充满着激烈的对抗，随着篮球运动水平的不断提高，这种对抗性越来越强。因此，要想在比赛中占据优势和取得胜利，球队不仅要有精湛的个人技术，更要有默契的集体配合。所以，现在的篮球运动队都特别提倡集体主义精神。只有个人为集体，集体才能使个人的技术得到发挥与创新，两者是相辅相成、共同发展的关系。

（二）篮球运动具有快速性

篮球比赛中一次进攻必须在 24 秒内完成，否则就算犯规，这就给篮球运动提出了更快的速度要求。在保证快速性的前提下，篮球运动要继续加快进攻速度，争取主动控制权；继续提高运用技术和战术间衔接的速度；继续提高攻守转换速度等。这些都赋予篮球新的含义，即篮球运动要求运动员要有较快的速度，掌握先进的篮球技术，同时能够掌握各种篮球的配合战术等，从而提升篮球的竞技性。

（三）篮球战术具有多变性

篮球运动是以手控制球并围绕着投篮得分展开攻守对抗为主要活动形式。因此，技术动作复杂多样，这也就造成了战术多变性的特点，它是现代篮球运动的重要特征之一。在大多数情况下，固定的模式、不变的打法是难以应对比赛需要的，篮球战术的运用必须富有灵活性与机动性。运动员要根据比赛的具体实际情况随机应变，提高临场应变的能力，灵活地运用战术和变换战术，只有这样才能为比赛的胜利打下良好的基础。

（四）篮球竞争具有对抗性

篮球运动是一项直接发生身体接触的对抗性项目，攻守的强对抗是其基本规律和特征。这种对抗表现在有球队员之间的对抗、无球队员之间的对抗、争夺篮板球之间的对抗、教练员之间的谋略对抗、双方队员思想作风和意志品质的对抗等。对抗是竞争的一种高层次表现形成，通过对抗培养球员的竞争意识和能力，这种意识和能力也是现代素质教育的重要组成部分。

（五）篮球活动具有娱乐性

最初篮球运动就是一项活动性游戏，是一种人们喜闻乐见的全民健身娱乐手段。在后来的发展和演变进程中，篮球的娱乐性特征始终占据着一定的位置，是篮球赖以生存和发展的重要因素。从事篮球运动的人能从中得到自我价值的体现，愉悦身心，促进身心健康发展，而观看篮球比赛的人也能从中得到鼓舞、力量和快乐，丰富了自己的业余生活，使自己得到满足和自信。

（六）篮球比赛具有观赏性

篮球运动作为一种社会文化形态，具有很高的技艺性与观赏性，篮球运动能充分展现出人的心灵气质和优美形态。另外，众多篮球明星队员的出现为比赛注入了强心剂，大大增强了比赛的观赏性。篮球运动场上，比赛情况是千变万化的，失败者的沮丧、胜利者的喜悦都使人难以忘怀，这充分表明篮球运动具有极强的观赏价值，这也是篮球运动赖以发展的基础之一。例如，在很多80后的印象中，乔丹以及约翰逊等人都是世界知名的篮球明星，他们在篮球场上的比赛被球迷们看成一场精彩绝伦的表演，它甚至都达到了一定的艺术境界，可见其具有较强的观赏性，能够带给球迷无限的激情以及热情。

（七）篮球知识具有多元性

随着篮球运动的不断发展，现代人们已经形成了相对比较完整的篮球理论体系，其中不仅包括篮球的知识内容，还包括篮球的技术以及战术等内容。发展到现在，篮球已成为一门交叉性较强的学科课程，篮球运动方面的知识开始向多元化方向发展。知识的多元性要求运动员和运动队必须具备特殊的运动意识、集体的团队精神、个性气质、身体形态条件、生理机能、心理品质、道德作风、专项技术与战术配合方法体系及实战能力等。

（八）篮球运作具有商业性

随着越来越多的人把篮球作为自身的终身职业，即篮球的职业化程度得到提升，各国相继建立起自己的职业联赛，如美国职业篮球联赛（NBA）是当前发展的最为迅速、影响力最大的职业联赛，我国篮球职业联赛（CBA）在近年来也得到了快速的发展。职业篮球联赛的发展推动着篮球运动在世界范围内进入商品化，使其走上了商业化的发展轨道，运动员和运动队的技能水平等都将成为商品。因此，国内外重大篮球竞赛组织者以电视转播、广告宣传、运动服装、体育器材、体育彩票等方面进行体育经纪活动，并通过经纪人开展营利性经营和操作。这表明篮球运动具有商业性的特点，是篮球运动发展的新趋势之一。

（九）篮球比赛的职业化

自现代职业篮球俱乐部成立以后，随着竞技水平的不断提高和竞赛规则的逐步完善，现代篮球运动在全球得到飞速的发展。运动员智能、体能和技战术水平的提高在篮球运动的职业化进程中起到了重要的催化作用。在 20 世纪末期，职业篮球俱乐部如雨后春笋般涌现，美洲、欧洲、澳洲、亚洲等地区的职业篮球俱乐部相继建立起来，在国际奥委会同意美国 NBA 职业球员参加国际大赛后，现代篮球运动进入了一个新的起点。发展到现在，全球职业化篮球已发展为一项新的产业，这是篮球运动发展的一个新特点。

二、篮球运动的价值

（一）生理健身层面的价值

1. 可以提高人体的生理机能

首先，由于篮球运动要求球员练习力量的抗衡、突然与连续起跳、敏捷的反应与快速奔跑，因而，能够使机体各部分的肌肉结实而发展均称；其次，篮球运动作为一种高强度的对抗性运动，能够促进人体的新陈代谢，提高机体的代谢率，从而使各器官（血管、心脏等）的功能增强，并从根本上使人的体质以及抵抗力增强；最后，由于篮球比赛中所发生的情况具有极大的不确定性，因此，需要球员掌握各种协调的技术动作，与此同时还需要他们具备随机应变的能力，所以经常参加篮球运动能够提高其感觉器官尤其是视觉感受器的功能。另外，篮球运动对促进动作精细化、提高分配与集中能力也很有帮助，而且对心脏时间、空间与定向能力也有良好的效果。

2. 可以提高运动员的身体素质

篮球运动是一项剧烈的运动，因而篮球运动员在运动的时候必须具备较强的奔跑速度、一定的耐力、灵活的反应速度以及较强的身体柔韧素质。另外，因为篮球运动是在快速奔跑中进行，所以球员在跳跃、转身跨步、起动等动作中锻炼了各关节的韧带与肌肉，而这对提高柔韧素质有利。

(二) 心理保健层面的价值

1. 可以锻炼顽强的意志

水平接近、争夺激烈是现代篮球强队比赛的特点。由于双方球员均处于直接对抗的状况下，因此，他们除了要具备优良的身体素质与技战术素质之外，更重要的是应具备坚强的意志品质。想要获得比赛胜利，球员必须在对抗当中克服各种困难，而克服困难的过程就是锻炼其意志品质的过程。有时顽强的意志品质对比赛的最终胜利具有决定性的作用。

2. 可以创造良好的情绪体验

现代篮球运动具有观赏性与趣味性。首先，通过篮球运动的锻炼能够调节情绪、振奋精神、增进快乐，从而使人变得更加自信、自尊、自强，而且还对神经衰弱等精神疾病患者有一定的治疗与改善作用；其次，它能够使队友之间的感情变得更加紧密，交流变得更加频繁。对一些不愿与人交往、郁郁寡欢或者时冷时热的人而言，这不仅能够改善他们的人际关系，还能够使他们了解、认识到自己的价值；最后，还能够使球员在比赛胜利之后体会到成就感，并使他们产生振奋、愉悦的幸福感。

3. 有助于塑造健全的人格

从微观上讲，篮球运动是群体中个体之间的技巧智能与身体冲击的直接对抗；从宏观上讲，它是群体的竞争。如果想要取得篮球比赛的胜利，就需要球员个性鲜明、敢于冒险、创新，并善于抓住时机与做出正确的观察判断，由此可知，篮球比赛是实现人个性自由发展的有效途径。另外，篮球运动还能够培养球员相互支持与团结一致的意识。

(三) 社会层面的价值

1. 影响社会规范

所有参加篮球比赛的人都必须要在比赛制约下活动，而贯穿比赛的体育道德精神对人的行为规范具有启蒙教育的作用，进而使人们获得对现代社会生活方式的演练与模拟，并且对人们形成文明、健康的社会行为习惯有帮助。人性中存在着攻击性，而篮球运动能够使人的这种本性得到释放，与此同时，还能够在体育规则与道德精神的约束下使人们能够在公平合理的条件中进行攻防对抗，让人们依靠智慧与技巧取胜，而不是通过不礼貌、不道德、粗野的动作来获得胜利。从深层次的意义讲，篮球运动还具有文化约束力，比如礼仪、道德、伦理、法律以及信仰。

2. 影响练习者的情商

篮球运动的统一性、对抗性与集体性规律显著，因此，在比赛过程当中，球员必须具备决断力，并能够做出有效的组合动作。在组合动作的实际应用中，由于比赛情况的不确定性导致整个组合动作中会有很多不确定的成分，因此，球员必须具备随机应变的能力，而且比赛还需要他们能够创造出巧妙的动作以及高效配合。由此可知，篮球运动能够培养球员的良好心理承受能力、广泛的社交能力、充沛的精力与体力等，使球员以较高的情商来面对生活、学习中的困难。

3. 可以增进国际交往

篮球运动在全世界范围内都比较受欢迎，因此，其已经成为各国之间相互交流的重要工具，并且还成了各国、各团体之间建立友谊、理解、信任与团结的方式。不同语言、肤色、国家的人们可以通过篮球这一世界通用的“语言”来进行交流，从而使人们的交往变得更加密切。

第三节　中国的篮球运动

一、中国篮球运动的主要组织

（一）中国篮球协会

中国篮球协会在中国的篮球运动发展中发挥了十分重要的作用，它具有清晰的定位，即中国篮球协会是一个面积覆盖全国的群众组织，同时它也是国际篮球联合会的重要成员之一。

1. 中国篮球协会的机构

中国篮球协会设主席、副主席、秘书长、副秘书长。下设 5 个委员会，即男子教练、女子教练、青少年教练、竞赛裁判和科学研究委员会。

2. 中国篮球协会的主要任务

中国篮球协会的主要任务比较繁杂，其大体上包含如下几个方面的内容：第一，在全国的范围内大规模地开展群众性的篮球运动；第二，定期组织并且举办一些常规的篮球竞赛活动，培养和提升教练的篮球训练水平；第三，组织队伍积极地参与国际之间的篮球竞赛活动；第四，负责中国篮球的科研、人才选拔、资格评定等工作；第五，负责修改和完善篮球运动相关规则以及法规等；第六，举办大型的篮球职业联赛等。

（二）篮球管理中心

篮球管理中心一般就是指国家体育总局里面的篮球运动管理中心，由此我们可以看到篮球管理中心的性质，即这个中心是一个事业单位，它的管理机构就是国家体育总局，同时篮球管理中心还是中国篮球协会的常设处理事务的机构，因而其被赋予了很多职能，需要管理和负责很多具体的篮球运动相关的事务。

第一，在篮球管理中心的众多任务中，其首要的任务就是需要根据国家的需求来全面地分析和指导中国篮球事业的整体发展，从而使更多的老百姓以及学生可以了解、接触篮球运动，推广篮球这项运动，促使篮球运动朝着产业化的方向进行发展。

第二，在具体的实践中，篮球管理中心还需要负责很多具体的操作事务，具体分析如下：

（1）篮球管理中心需要根据现实情况制定合理的篮球运动的发展规划、长期计划以及各种相关的方针政策等。

（2）篮球管理中心需要在全国的范围内大力地推广篮球这项运动，同时指导和培养优异的篮球储备人才，为国家储备更多的篮球人才。

（3）篮球管理中心需要负责篮球运动的各项竞赛相关事宜，如竞赛的组织、研究以及规则制定、调整等。

（4）篮球管理中心需要负责管理篮球运动项目有关的科研工作，同时还需要负责宣传篮球这项有重要价值和意义的运动，并根据需求出版一些相关的出版物。

（5）篮球管理中心需要负责和其他国家的篮球管理机构进行国际的交流和访问等，从而弘扬中国的篮球文化，并且学习和借鉴其他国家的篮球运动管理以及文化传播经验。

（6）篮球管理中心需要管理市场中的各种不同的体育经营行为，促使篮球行业朝着健康稳步的方向发展。

（7）篮球管理中心需要建设好中国篮球协会，从而更好地发挥该协会承上启下的作用。

（8）在保证认真高效地完成本职单位工作的基础之上完成国家体育总局安排和部署的其他相关事宜。

第三，篮球运动管理中心下面包含五个不同的中层机构，同时还包含了国家的篮球队，这五个机构中：其一是办公室，其二是竞赛部，其三是运动队管理部，其四是青少年发展部，其五是经营开发部。每个中层机构都管理不同的内容，发挥不可替代的作用。

第四，篮球运动管理中心的经费来源相对比较广泛，它有一部分的经费来自国家拨款，还有一部分的经费需要其自筹，这就要求篮球运动管理中心一定要充分地利用每一分经费，发挥经费的价值，并且在实践中不断地拓宽经费的自筹途径。

二、中国篮球赛事简介

（一）中国男子篮球职业联赛（CBA）

1995 年冬春推出了中国男子篮球甲 A 联赛（CBA）的第一个联赛，当时以改革全国男篮甲级联赛的赛制为突破口，变赛会制为主客场制。2004—2005 赛季是中国男子篮球甲 A 联赛（CBA）的第十个赛季。这时的 CBA 将是一个过渡性的赛季，一个承前启后的赛季，他的使命就是为 2006 年推出的崭新的 CBA 职业联赛探路和奠基。这个联赛脱胎于十年甲 A 联赛，继承了甲 A 联赛好的思想、好的方法，但与甲 A 联赛又有明显的区别，它是在推进联赛职业化进程上取得的初步成果、是总结提炼出的一条符合我国实际的篮球职业化发展道路。因此它将是中国篮球改革进程中的一个里程碑。

目前，在中国男子篮球职业联赛的竞赛中，比赛分常规赛和季后赛两个阶段进行，采用主客场赛制，两周五赛和一周三赛相结合。

CBA 联赛已进入了一个健康有序、后劲十足的发展阶段。无论是在规模、社会影响，还是在竞赛水平、商业开发等方面都比以往有了很大提高。它已经成为国内重要的体育赛事之一。CBA 男子篮球联赛中先后涌现出许多优秀球员，如姚明、巴特尔、易建联等先后冲出亚洲挺进 NBA。

近些年，CBA 还引了许多优秀的外籍球员，其中一些是篮球迷们非常熟悉的 NBA 球员，这些外籍球员在比赛中以出众的身体素质，娴熟的球技和强烈的表演欲望，以及在关键时刻把握球队命运的能力赢得了观众的喜爱。这使得 CBA 比赛精彩纷呈，观赏性更强，同时有效地带动了 CBA 整体水平的提高，商业化运作逐渐成熟起来，在促进中国篮球事业的发展上也起到了很大的促进作用。

（二）中国女子篮球甲级联赛（WCBA）

WCBA 联赛在规模上、影响上还有待进一步的提高。全国女子篮球甲级联赛（WCBA）经过了很长时间的准备后终于在 2002 年 2 月正式开展比赛，这也具有重要的意义，它代表着 WCBA 赛制发生了重大的转变，从这之后它就变成了赛季制。这也使更多的人开始了解并且关注女子篮球的比赛。WCBA 有 12 支球队，分为南北两个分区各 6 队。分区采用主客场双循环比赛，各分区前 3 名进入常规赛 8 强。各分区 4，5 各球队打附加赛，采用主客场交叉淘汰赛，获胜的两个队进入常规赛 8 强。常规赛分为两个阶段，首先采用主客场双循环守则赛，排出 1~8 名，第二阶段将 1~4 名和 5~8 名分成 A、B 组，分别进行主客场双循环，排出 A 组 1~4、B 组 5~8 名、季后赛按常规赛第二阶段 A、B 组的名称进行交叉淘汰赛。南北分赛区比赛和常规赛的赛制采用两周五赛。每周的二、四、六为比赛日，1/4 比赛采用 3 战 2 胜制，赛制为 1-2，半决赛和总决赛采用 5 战 3 胜制，赛制为 1-2-1-1。

（三）中国大学生篮球联赛（CUBA）

从 1998 年开始，中国大学生篮球联赛就开始在我国的很多城市的学校中举行，并且深受学生的喜爱和推崇。由于大学生篮球联赛的规模比较大，能够吸引很多大学生的高度关注，因而从那个时候起中国大学生篮球联赛就在全国的范围内产生了较大的影响。其实，中国大学生篮球联赛能够给大学生带来很多积极的影响，它不仅能够激发大学生的运动热情，激发其无限的活力，它还能够使学生形成一种良性的校园文化氛围，从而传播和推动中国文化的发展。

在 CUBA 赛场上的口号："上大学是你的梦，打篮球也是你的梦，CUBA 让你梦想成真""你可以不打篮球，但你不能拒绝接受教育；你可以不看篮球，但你不能拒绝接受健康与欢乐""让篮球插上知识的翅膀腾飞"。中国大学生篮球联赛通过篮球比赛将大学生的意志力、创造力和想象力高度融合，充分展示篮球运动素质教育功能的文化理念。全力开发这一人才宝库是中国篮球运动发展的明智之举。

三、中国篮球运动发展中的主要任务

（一）推进全方位的篮球综合改革

对于中国的篮球发展事业而言，其在发展的过程中必须要遵循社会主义市场经济的发展规律，必须要结合中国社会的发展实际等，这就要求我国需要不断地继续推进篮球运动的综合改革，使其各方面都可以建立比较完善的保障机制。此外，还需要不断加强基层篮球协会的作用，使其更好地引导基层地区的群众参与篮球运动等，从而扩大篮球运动的范围，促进篮球运动稳步发展。

（二）提高篮球的科学化训练水平

对于中国的篮球运动而言，其和世界其他国家的篮球运动水平之间还存在一定的差异，这就要求中国的篮球运动教练一定要能够狠抓训练工作，在训练的过程中坚决地采用科学系统化的训练方法等，从而不断提升中国篮球训练的成效和质量。需要强调的是，对于中国男篮国家队和中国女篮国家队，教练应该采用不同的训练方法，同时在训练中有不同的侧重点。例如，对于中国的女篮国家队训练，教练应该采用一些特殊的训练方式，从而使女篮不断突破自我，不断达到并且超越以往创造的优秀成绩；而对于中国的男篮国家队，教练应该要求其保持在亚洲篮球领域中的地位，同时要不断地寻找新的机遇来证明自身的实力。此外，在中国篮球运动的实际训练过程中，我们还需要不断更新和丰富篮球运动的训练方法，从而有针对性地培养发挥各种不同功能的篮球优秀人才。我国不仅需要在实践中培养出大量的优秀篮球运动员，还需要在实践中培养出更多优秀的篮球裁判员、教练等，这样才可以不断地壮大我国的篮球队伍，并且提升整个队伍的综合素质。

（三）严格有序地抓学校篮球活动

对于中国的篮球管理人员而言，他们还需要在实践中设计科学的篮球发展以及推广模式，即可以把“学”和“训”有效地融合起来，这样才能够不断地扩大篮球的推广范围，使更多的学生可以接触篮球这项运动，并为中国的篮球事业发展储备更多的篮球人才。也就是说，中国篮球运动的重要任务还包括严格有序地发展各个地区各级各类学校的篮球活动，这是一项复杂的工程，需要做好多个方面的工作。例如，我国需要逐步地建立起专业的篮球技术辅导队伍，让更多的学生可以学习科学专业的篮球运动知识以及技能等。又如，我国还需要在很多农村以及偏远地区等建立尽可能多的篮球场地，这也是学生可以学习和练习打篮球的重要场地基础，这样很多学生才有条件开展篮球运动。

（四）加强篮球职业俱乐部和职业联赛的建设

中国的篮球事业发展还是需要不断地发展篮球职业俱乐部，同时采取各项必要的措施来建设和保障篮球职业联赛。很明显，中国的篮球运动发展离不开职业俱乐部的发展，因而我国的相关部门应该重视职业俱乐部的建设等，从而使其发挥重要的价值。篮球职业联赛也很重要，目前中国的篮球职业联赛的水平还不是特别高，这就要求我国的相关部门要不断学习和借鉴他人的经验，从而不断提升我国篮球职业联赛的举办水平，从而使其走向国际化。

（五）在解放思想的基础上加速发展篮球产业

中国篮球运动的发展还要求我们一定要能够不断地解放思想，不断地拓展篮球的发展市场，从而形成并且建立具有中国特色的篮球产业市场，从而不断地调动大众积极参与篮球运动的积极性和热情，推动我国篮球产业的稳步发展。

四、中国篮球运动推广普及的重要基础

（一）社会群众性篮球活动的活跃

众所周知，篮球这项运动具有独特的魅力，因而它可以吸引很多人的目光，能够吸引大众积极地参与篮球运动中，从而给大众带来欢乐和愉悦的心情。实际上在中国的很多地方，我们都可以看到不同年龄层次的群众在从事篮球这项运动，如城市的篮球场、农村的文化广场以及很多企业内部的篮球场地等。由此可见，目前在中国，篮球这项运动已经成为一种社会群众性的活动，很多人会利用自己的业余时间打篮球，从而放松身心，调节工作和生活。此外，在中国篮球竞赛已经成为非常引人关注的竞赛项目，很多群众十分热衷于各种形式的篮球竞赛，从中寻找快乐和能量。

（二）学校篮球运动的普及

篮球运动具有重要的价值，它不仅具有较强的健身价值，能够增强参与者的各项身体素质，它还具有一定的文化内涵，能够很好地传递篮球的文化，从而很好地发挥篮球的教育价值。其实在我国，我国的教育相关部门很早就意识到篮球的教育价值，因而在 20 世纪 50 年代初期就把篮球这项体育运动项目纳入学校的体育教学中，把它作为了重要的教育内容，可见国家对篮球这项运动的重视程度。至此在国家政府的号召之下，我国的很多学校都十分重视篮球这项运动的教学，他们也把篮球纳入相应的教学大纲之中。在当时我国不仅在各级各类学校的体育课程中融入篮球运动项目的教学，各个学校还会积极地组织开展各种类型的篮球竞赛活动，其中有一些篮球竞赛活动是在本校举行的，还有一些篮球竞赛活动是在不同的学校之间开展的，从而开展校际间的篮球竞赛活动。这些篮球竞赛活动的开展具有积极的意义，它可以使更多学生关注和了解篮球这项运动，还可以增强学生的体育实力，加强不同学校之间的合作。

此外，我国在当时还申请建立了很多专门的篮球专业学校，为学生的篮球学习提供更加专业的知识和辅助。在社会的层面上，当时也出现了若干个不同

规模的篮球俱乐部。很明显，我国在当时建立的这些基层的篮球组织为推动我国的篮球发展、为我国储备大量的篮球人才等都做出了巨大的贡献。从1957年开始，为了我国篮球事业的长远科学发展，我国在这一年专门聘请了当时苏联的著名篮球运动教练到我国的上海体育学院任教，从而把更加优质的篮球教育带到我国的高等院校，这能够极大地激发我国高等院校人才的篮球学习热情，同时能够为我国体育学院的学子提供更加优质的篮球教学和训练服务。此外，上海体育学院还在院校内开设了篮球专修班以及各种培训班等，从而为教师和学生的篮球训练提供专业的指导和帮助。从1978年开始，我国的高等院校就开始招收篮球相关专业的硕士研究生，这也是为我国储备篮球高层次专业人才的重要举措，这产生的积极影响也是十分深远的。

（三）篮球科学研究活动被重视

随着篮球这项体育运动项目被越来越多的中国人认可之后，我国的很多高校以及科研机构等就开始加大对篮球运动的研究深度，全面仔细地研究篮球的很多现实情况，如篮球在中国的发展现状以及发展特点、问题以及可能的解决对策等，这对于我国篮球运动的发展具有十分积极的作用。也就是说，在新的时代发展背景下，我国的研究者开始越来越重视篮球运动相关的科研工作，并且花费了很多时间和资金做这个方面的研究，取得了一定的成绩，这也将大力地推动中国篮球运动的发展和进步。

第四节　篮球运动文化

一、篮球运动文化的定义

篮球运动文化是一个十分宏观的概念，它是指篮球运动所包含的物质以及精神等共同创造出来的一种文化。需要强调的是，篮球运动文化包含很多内容，是篮球运动中形成的各种关系、制度以及符号系统和运动员的行为方式的总和。通过分析上述篮球运动文化的定义我们可以发现：

第一，篮球运动文化具有显著的特征，即活动性特征和实践性特征。换句话说，篮球运动文化是一种和篮球运动紧密联系起来的文化。随着篮球运动规模的不断扩大和发展，篮球运动文化的内容也会变得越来越丰富，同时也会更加具有层次，也体现了它的活动性和实践性。

第二，通过分析上述篮球运动文化的定义我们可以发现，篮球运动文化具有独立完整性。这种文化具有一定的独立性，可以不受到很多复杂因素的影响和限制，但是这种文化具有积极的意义，因而人们可以在一定的场合中学习篮球运动文化、欣赏篮球运动文化并且传承和发展篮球运动文化。

第三，由上述定义可知，篮球运动文化的内涵是一个复杂的体系，它包含很多不同层次的内容。我们可以从如下几个不同的层面来分析和探讨篮球运动文化的主要内涵：(1) 篮球运动员参加一定规模的篮球竞赛、训练等所经历的具有创造性特征的过程等；(2) 人们以从外在的形态可以看到的一些篮球有关的物质成果，这些物质成果和篮球运动息息相关，它也是篮球运动顺利举行的重要物质基础，如篮球的专业设备、器械以及场地等等；(3) 篮球运动文化的精神层面的内涵，它主要包括篮球的运动员在从事篮球运动中所体现出来的一种集体精神以及拼搏的精神、团队合作意识以及坚持必胜的信念等。(4) 篮球运动文化的制度层面的内涵，它主要就是指篮球运动在开展的过程中所需要遵循的各种篮球规则、制度等。这也是篮球运动进行的重要制度保障。

二、篮球运动文化的结构层次

（一）篮球物质文化层

篮球物质文化层就是指人们在从事篮球运动的过程中所形成的各种和篮球物质有一定联系的文化的总和。很明显，篮球的物质文化就是可以被大众看得到且摸得到的各种篮球相关物质所体现出来的文化，这些物质是篮球运动开展的物质基础，也是篮球运动重要的组成部分。例如，对于篮球运动员而言，他们要想打篮球就需要一定的篮球场地、专业的篮球设备以及服装等。又如在篮球的科研过程中研究者就需要大量的篮球科研设备、教学工具以及专业的篮球书籍等，这些具体的篮球相关物质都在一定的程度上体现了一定的篮球文化，从而可以帮助他人更好地了解篮球文化的各种细节之处。通过接触和分析这些篮球相关的物质，人们就可以很清晰地指导为什么篮球的球筐要设计成那个样子以及篮球筐的高度是如何确定等。

（二）篮球制度文化层

篮球制度文化主要是指人们在从事篮球这项运动的过程中需要遵守的各种制度规范、法律法规等制度的总和。在篮球的运动中，运动员不是孤立地运动，他会和很多其他球员、教练以及观众等产生一定的联系，这个时候他们之间的关系就需要一定的制度进行规范，从而保障各方面的利益。在篮球的运动中，篮球的制度包含很多内容，如篮球的管理机制、运行机制以及篮球训练或者竞赛中制定的各种规则等，这也是篮球宝贵的制度文化。

（三）篮球行为文化层

篮球的行为文化主要就是指篮球的运动员在篮球的训练以及竞赛的过程中所展现出来的一些篮球行为习惯、篮球运动模式以及篮球运动技巧等的总和。需要强调的是，虽然不同的篮球运动员个体之间存在一定的个体差异性，但是篮球运动员展现出来的行为文化并不是任意的行为文化与特征，这是篮球运动员经过长期的专业的训练才展现出的各种规范以及行为动作等，从而凸显篮球这项运动的特征。

（四）篮球精神文化层

篮球精神文化主要就是指篮球运动员在长期的篮球训练以及比赛中所遵循并且形成的篮球相关的职业道德、价值观念、思维模式等的总和。在一些场合中，也有人把篮球的精神文化称之为篮球运动文化，这是一种狭义的观点和定义。通常在训练实践中，篮球的精神文化对篮球队员的思想会产生较大的影响，指引其不断提升自我，实现自我的价值。

三、篮球运动文化的特征分析

（一）民族性特征

篮球运动是一项被世界生很多国家都认可的体育运动，它已经被推广到了世界各国，因而世界上不同民族的人群在参与篮球运动时必然会呈现出一定的民族性特征。通常情况下，不同的国家的地理位置不同，因而它的气候、环境等也不同，再加上不同国家的发展历史以及文化也不同，这些复杂的因素都会对篮球运动的文化发展产生较大的影响，从而使其呈现出明显的民族性特征。例如，美国这个国家所呈现的民族文化就是大胆、自信、敢于突破，因而美国的篮球运动表现出来的就是要鼓励运动员突出自己的运动风格，要敢于展现运动员的能力，并且在竞赛中重视双方对抗，有一种较强烈的对抗精神。而欧洲很多国家的文化有较多的共同之处，因而欧洲的文化整体上表现出来的特征就是人们做事严谨、重视不同团体以及组织之间的协作等，因而欧洲的篮球运动文化表现出来的就是篮球运动员在竞赛中十分注重团队协作，运动员之间善于积极配合和掩护，即看重集体的力量。总而言之，篮球运动的民族性特征就使得篮球运动的文化多种多样，从而推动人类文化的发展和进步。

（二）交融性特征

虽然不同地域的篮球运动文化会呈现出一定的民族性特征，然而世界范围内各个民族的篮球运动文化并不是孤立存在的，它们之间相互融合和交融，共同构成了世界丰富多彩的篮球运动文化。篮球运动文化的交融不仅推动了文化的交融，还推动了世界各地的经济、人才等融合，有助于实现全球文化的一体化发展。

第二章　现代篮球运动训练的理论基础

篮球运动训练良好效果的取得需要科学的理论做指导，无论是篮球运动员还是篮球教练员，熟悉和掌握篮球运动训练的基本理论知识，并以这些知识为训练指导，依据篮球运动训练的客观原理、特点等科学地展开训练设计、组织与实施，对于篮球运动训练的良好效果取得具有重要意义。本章主要分析了现代篮球运动训练的理论基础。

第一节　篮球运动训练的学科理论基础

万事万物都有自身发展的基本规律，人体在运动的过程中也要遵循自身发展的基本规律，否则会造成运动损伤。

一、篮球运动训练的社会学基础

人的社会化，实际上就是社会将一个“自然人”教化为一个“社会人”的过程。篮球运动训练具有非常显著的社会价值和意义，具体表现在以下几个方面。

（一）促进生活技能的掌握

一般来说，日常生活技能、谋求生活、参加生产的技能都属于个体的生活技能范畴。在不同的发展阶段，人们学习和掌握生活技能的侧重点也是不同的。

体育运动包含着非常丰富的内容，身体练习就是其中的一种，同时，这也是篮球教学的基本手段。篮球运动训练过程中身体练习，不仅能够有效提高运动员的体质水平，还能够使其专项技能得到有效提升，这也在一定程度上为运动员生活技能的掌握奠定了坚实的基础。

（二）有效培养运动者的社会角色

处于社会中的人们，都有着不同的角色定位，这能够有效促进人的社会化。同样，篮球运动训练也能够对运动员的社会角色培养起到积极的促进作用。比如，篮球运动训练能够有效约束运动员的行为，使他们在社会规则的范围内活动；篮球运动训练能够有效增强运动员的情感体验；篮球运动训练的顺利实现可以借助于教练的示范和运动员的模仿来完成。

（三）助益社会文化的学习

社会文化具有社会规范和价值体系两个方面的内容，这也是篮球运动训练的重要价值体现。一方面，篮球运动训练对社会规范会产生一定的影响；另一方面，篮球运动训练也在一定程度上影响着运动员价值体系的形成。

（四）对社会需要的个性形成有利

一个人在其生理素质和个性心理特征的基础上，在一定的社会历史条件下，通过社会生活的实践锻炼与陶冶逐步形成的观念、态度、习惯与行为，就是所谓的个性。个性的范畴较为广泛，动机、兴趣、理想、信念、气质、能力、性格等都属于个性的范畴。一般来说，遗传生物因素和包括家庭、学校、社会实践等在内的社会环境因素都会不同程度地影响到个性的形成。

对于篮球运动员来说，对其社会需要的个性的形成以及胜任相应的社会角色都会起到积极的促进作用。具体表现为，篮球运动训练具有显著的主动性、实践趣味性、直接参与性等特点，由此，能够有效提高运动员的自主性，同时，也能使他们良好的意志品质和集体主义精神得到积极培养和建立。

二、篮球运动训练的解剖学基础

（一）肌肉与肌肉收缩

1. 肌肉组织一般分为三类：骨骼肌（434 块）、平滑肌（血管壁、气管内、消化道内等）和心肌。人体大体分布着 600 多块肌肉，男子肌肉占身体体积的 42%~47%，女子占 30%~35%。分析人体运动时，常常提到的肌肉约 75 对。骨骼肌保持身体的运动和平衡，它超越肌腱与骨骼相连，可以收缩、拉紧、接近或远离绕过关节相连的骨骼部分。

2. 肌肉是由许多肌纤维构成，肌纤维又有许许多多肌原纤维组成，肌节中包括能收缩的蛋白，这种蛋白又叫肌丝。肌丝分为两种，一种是粗肌丝，又叫肌球蛋白（具有ATP酶的活性，能使ATP分解能量供肌肉收缩时使用，占肌原纤维的54%）；一种是细肌丝，叫肌动蛋白（占肌原纤维20%~25%）。肌肉收缩时，细肌丝向粗肌丝滑进，并深入粗肌丝。由于肌丝互相接近，而使肌节缩短，许多串联的肌节缩短，就可使肌纤维缩短。粗、细肌丝之间滑行是一个极为复杂的过程。

（二）骨骼和关节

1. 人体全身的骨架由206块不同的骨组成。共有四种类型：

（1）长骨：如胳膊、腿上的骨头。

（2）短骨：如手、脚上的骨头，有些形状不规则。

（3）扁骨：如头颅骨。

（4）不规则骨：它们保护着内脏并为肌肉活动提供杠杆结构，也是全身最大的造血器官和钙库。

2. 关节一般分为三类，具体分类如下。

（1）不动关节：关节活动受到限制，如头颅骨之间的联结。

（2）半活动关节：关节可小幅度地活动，如脊柱骨之间的联结。

（3）可动关节：允许关节大幅度地活动，如膝关节、肩关节和肘关节等。

三、篮球运动训练的营养学基础

人体有六大营养物质，在人体的正常生理活动和篮球运动训练中，这些营养物质通过代谢供能参与人体活动，满足人体活动和运动所需营养与物质。

（一）糖

糖是人体细胞的重要组成部分，是人体所需能量的重要来源。人体每天所需能量的70%以上是由食物中的糖来供应的，且糖在氧化时所需要的氧较脂肪和蛋白质少，因此成为肌肉和大脑组织细胞活动主要能源，是人体最经济的供能物质，也是运动时最主要、最经济和最快速的能源物质。

具体来讲糖对人体的作用是：（1）提供运动所需要的热能。凡是短时间大强度运动时的热能绝大部分由糖供给，而短时间小强度运动时，也首先利用糖氧化供给热能，只有可利用的糖耗尽时，才动用脂肪和蛋白质（说明短时间的运动不会减肥）。（2）糖能营养脑组织，供给神经系统所需要的能量，大脑中缺少储存的营养物质，主要是靠糖的氧化获得热能。血糖浓度降低时首先影响到神经系统，产生疲劳或头晕等现象。（3）糖能构成身体组织，所有神经组织、细胞及体液中都含有糖。

篮球运动训练过程中会大量消耗能量，因此，在训练前和训练过程中进行糖的合理补充能够有效提升训练效果。一般地，在训练前半小时或两小时补充糖是效果最好的。另外，在训练过程中，最好每半小时饮用低浓度的含糖饮料。

（二）脂肪

脂肪是构成人体组织细胞的必需营养物质，对维持人体热量和身体健康有不可忽视的作用。通常所说的脂肪是指甘油三酯、胆固醇和磷脂。

脂肪是从事耐力运动的主要能源。脂肪在人体内储存量很大，一般一个经过高强度训练的人，即使体脂很低，其脂肪储存量仍然超过所有运动对能源的需要量。但是，运动可以改善体内脂肪的代谢，降低血脂含量，是减少脂肪含量和体重的有效方法。运动还可以使血液中脂蛋白含量增加，加速血液中胆固醇的运输和排泄，预防动脉硬化的发生。脂肪作为热量物质，其燃烧释放能量需氧量高，利用慢。而且，脂肪在代谢过程中会产生大量的酮体，当酮体生成量大于利用量，酮体在体内堆积，就会引起酸中毒，进而引起机体疲劳。所以，摄入脂肪含量较高的膳食，会降低运动的耐力。此外，摄入脂肪过多会引起肥胖、增加体重，影响呼吸系统和循环系统的功能。

篮球运动的运动供能是有氧与无氧结合的运动。因此，脂肪供能只能够在当氧气充足的情况下才能被动员起来，并且随着运动时间的延长，脂肪的供能比例也会有相应的增加。因此，长期坚持篮球运动训练能够使肌体氧化利用脂肪酸供能能力得到有效的提高，还能够使血脂升高，降低血浆中低密度脂蛋白的含量，增加血浆中高密度脂蛋白的含量，长期进行篮球运动训练，对于体脂积累的减少也是有帮助的。

（三）蛋白质

蛋白质是一切细胞的主要成分（肌肉组织的主要成分），维持体内组织的生长、更新、修复，影响高级神经活动，并供给热能。

蛋白质的需要量与下列因素有关：

（1）训练状态。在大运动量的初期，由于细胞损伤，蛋白质需要量有所增加。

（2）训练的类型、强度、频率。长时间剧烈的耐力训练使蛋白质代谢加强，会增加蛋白质的需要量。

（3）热能短缺和糖原储备不足将增加蛋白质的需要量，即热能摄取不足时，蛋白质的需要量可增加 10%。

(4) 需要减轻体重和控制体重项目的运动员，需要适当选择蛋白质营养密度高的食物以满足需要。

(5) 素食者应当考虑膳食中有充足的优质蛋白质。

(6) 运动员在训练中出汗较多时，特别是高温季节，汗氮的丢失较多，使蛋白质需要量增加。

在篮球运动训练过程中，必须合理补充蛋白质，从而保证理想的训练效果。

(四) 水

水分是维持生命的必需物质。运动员体内水分充足才能维持正常的细胞功能和体温，获得最大的体力。人体缺水或身体过热（体温增高）可成为疲劳的一个重要因素，不仅对运动能力有影响，对健康也有威胁。为保持运动能力和最大恢复体力，一般补水总量大于失水总量，并且要注意运动前、运动中、运动后及时补充液体。

(1) 运动前补水

根据项目、天气和个体的情况，运动前补水是必要的，可以防止运动过程中脱水的发生。一般认为运动前 2 小时饮用 0.4~0.6 升的含电解质和糖的饮料，或运动前补水 0.4~0.7 升。补水时要少量多次饮入，每次 0.1~0.2 升，分几次饮入。如果在短时间内大量饮水会造成恶心和排尿，对比赛和训练不利。

(2) 运动中补水

运动中补水应根据出汗量来定，一般情况下，总补水量不超过总失水量的 50%~70%。如果运动时间不超过 1 小时，补充纯水即可。超过则应补充含电解质和糖的运动饮料。

(3) 运动后补水

很多运动员由于运动中补水不足，因此运动后补水就很重要，但不能暴饮。一般补充含糖的饮料或水，以促进血容量的恢复。运动后不能大量饮水，这样会增加出汗和排尿量，使人体的电解质加速丢失，增加肾脏和肝脏的负担，使胃扩张，影响呼吸。

(五) 维生素

维生素是维持人体正常生理功能和健康所需的一类有机化合物。它不能为人体提供能量，但不能缺乏。缺乏某一种维生素都会引起生理功能的障碍。这种物质只能在食物中摄取，不能在体内合成。营养学家根据维生素的溶解特性，把它们分成两大类：水溶性维生素和脂溶性维生素。

（六）矿物质

人体是由60多种元素组成的，除碳、氢、氧和氮以外，其余的物质统称为矿物质。矿物质是维持生命、促进生长的极为重要的无机物。各种矿物质在人体内都有自己的功能，它们之间的相互关系是相当复杂的。目前，人们了解较多的矿物质一般都是因其缺乏能引起具体症状的矿物质。总的来说，矿物质功能有保持人体酸碱平衡、生理反应的催化剂、人体必需的化合物成分、传导神经脉冲、调节肌肉收缩、促进肌肉组织生长六项。

第二节　篮球运动训练的理念和基本原理

一、篮球运动训练的理念

（一）重视基本功训练理念

第一，在篮球运动中必须非常重视对运球、运动中带球、运球上篮、投篮以及防守等基本功方面的训练。一个球队能否在篮球比赛中获得胜利首先决定于球队中每一个球员的基本功是否扎实，如果在运球、传球等基本功方面存在较大的技术缺陷就很容易导致对方在比赛中长时间控球，球员的投篮机会则会因此而大幅度下降并最终输掉比赛。

第二，篮球比赛中经常因为一方的犯规而导致另一方进行罚篮，罚篮的一方有时候会因为定点投篮的基本功不扎实而错失得分的机会。

第三，篮球比赛中的绝大部分得分是通过球员在运动中的带球上篮或者中、远距离投篮来获得的。因而需要通过加强运动员运动中投篮的基本功来提高其比赛成绩。

（二）加强体能训练理念

篮球比赛需要双方在比较大的场地中来回的跑动以便于进行攻防的快速转换，与此同时在与对方球员的对抗中需要消耗大量的体能。如果一个球员在几个来回的跑动中迅速消耗体能就很难在后续过程中有效地完成防守和投篮等活动。增加体能训练的强度应该成为我国篮球训练理念中非常重要的一个部分。

（三）人文操作性训练理念

1. 人的行为在于一个人的感知或信念体系

在很多的人文主义者看来，人之所以产生各种行为，其并不是因为外界对他们产生了直接刺激，而是他们根据自己的分析从而做出的一种特定决定，其目的是为了达成自己的某种需要。所谓的人文操纵法指的是教练员依据自己的信念体系从而指导其他人的工作。

在我国长期的运动训练过程中，教练员往往缺乏的是人文性的训练理念，在日常的工作中，他们大多是采用“强力操纵”的方式来和运动员打交道，尽管这种方式在特定的环境下是有效的，但是却对教练员的要求比较高，如果使用的时候不谨慎，那么往往不会取得很好的效果。

所以说，教练员在使用特定的方法时并不一定能取得理想的效果，因为人是有自己的思想的，所以，就算是教练员对强力操纵这种方法有足够的了解，还是应该学习一些以人为本的人文操纵法，从而取得更好的练习效果。

2. 篮球运动是自然规律和价值规律的双重存在

在进行运动训练的时候，不仅仅要讲求科学，同时还应该让其符合客观运动的规律。但是与此同时，教练员在进行训练的时候还应该保持良善之心，不仅能够进一步提高运动员的竞技水平，同时还应该让他们更为重视自己的健康。只有这样才能让运动员避免主体的迷失。

在进行篮球训练的时候，不仅仅要让其符合科学的规律，还应该让其符合人的价值规律，更好的凸显出人文性。只有将科学性与人文性结合起来，才能更利于训练目标的达成。

3. 人文凸显技术的灵动，摆脱“技术”对“人”的控制

从本质上而言，运动训练的过程也就是教育的过程，在进行教育的时候教练员就应该关注到运动员内心的变化，应该多从他们的角度出发充分弘扬主体精神，让运动员能够更为自信、自强，将自己内部的训练动力激发出来。

在教学的过程中，教育者不仅仅需要关注某一个动作该怎么教，还应该关注运动员是否能够得到自由、全面的发展。从竞技运动的角度出发，奥林匹克运动不仅需要促进人们往更高、更强的方向发展，还应该弘扬运动中的人性化以及团结意识，这也会使得运动朝向更为人文化的方向发展。

在进行训练的时候，不论是教练员还是运动员，都不应该过多地强调技术的作用，而是应该倡导一种更为公平的竞争环境，从而能够更好地发扬出体育精神，展现人性之美。在竞技领域中，我们应该跳出竞技的制约，更好地构建出一种特定的“精神家园”，从而让运动员的各项素质都能够得到一定程度的

提高。

（4）篮球运动蕴含人文精神

竞技体育是非常公平的，因为在全世界的范围内所有的参赛者都需要遵循一套特定的规则，每个人都有公平参赛的资格，同时在比赛的过程中也是公平地参与各项竞争。篮球运动不仅仅是一场体力上的比拼，更是一场智力上的比拼，他们应该在赛场上展示出自己的水平，同时也能让我们感受到团队的智慧。

在篮球运动中，竞争与合作、平等与创新等都是一些永不过时的话题，显然，其中所蕴含的人文精神是显而易见的，那么具体到篮球训练的过程中，也应该凸显出人文特征。

所以，在具体的运动训练过程中，还是应该体现人文特征，将人文精神渗透在运动训练中，最终贯穿于体育运动之中，在人文与科技的冲突中保持适当的张力，在两者的融合中使其水乳交融，体现对运动员训练条件、生活状况、身心状况等各方面的关爱与培养，提升运动员的价值尺度，挖掘其智能，发展和发挥其个性、风格和个人的创造力和想象力，从而促进竞技运动中的竞技、人、社会三者协调发展。

篮球运动训练中强调人文操作性的训练理念，是关注人与竞技篮球运动的本质之间的内在联系，是对运动员的一种终极关怀，即为求“善”。

（四）强化对抗理念

我国的篮球水平如果想要取得更好的发展，还是应该注意提高运动员的对抗性，因为不管是在进攻的时候还是在防守的时候，只有拥有强大的对抗能力，才能在比赛中掌握优势。

（五）技术实践训练理念

篮球运动的技术实践性的训练要符合事物的客观规律，即符合篮球运动的本质特征及规律。在篮球运动训练中要运用篮球运动的本质特点和规律指导训练，力争做到实用、朴实和结合实际，符合事物的客观规律就是求真。训练符合比赛要求，训练的一切工作，包括训练的形式、内容、方法、手段和负荷等都要符合实战的要求。

1. 技术实践训练是从实战出发的基础

在篮球运动训练中，符合实战应是第一位的。篮球运动的技、战术训练最有效的方法是从实际出发和结合实践；对运动员来说，比赛练习的运用可以使运动员的实战能力提高更快，使运动员在比赛中拥有更加放松的表现。要达到积极训练的目的，训练必须尽可能地与比赛的情况一致，最大限度地涵盖比赛过程中出现的所有因素。

2. 技术实践性训练决定技术风格

比赛的风格取决于训练的方式，不同流派的技术风格源自不同的技术性训练理念和方法。

（六）增加心智训练理念

篮球运动并非只是技巧和体能方面的对抗，有时候如果能够通过优秀的战术配合以及巧妙的传球就可以取得事半功倍的效果。因而在训练过程中除了要努力提升运动员的基本功和体能之外还需要提高其根据实际情况采取正确战术的能力，也就是提升其在球场上的心智水平。

二、篮球运动训练的基本原理

（一）周期训练原理

周期训练理论是进行训练的基础。随着训练的进一步开展，运动员以及教练员对于运动训练的规律等都有了更为深刻的认识，不管是训练的适应性还是训练过程中疲劳的恢复等都渐渐形成了一套理论。对于周期性的运动训练而言，其中的每个循环都不仅仅是简单的重复，而是在上一个循环基础上的不断提高，在不断地进步中，运动员的竞技能力与水平等都得到了进一步提升。

1. 训练适应原理

（1）普遍性

所谓的普遍性指的是机体经过训练之后就能逐步产生一种训练适应。

（2）特殊性

经过一段时间的训练之后，机体对于不同性质的运动负荷都能产生一些特定的反应。

（3）异时性

在进行运动训练的时候，机体会产生一些适应性的变化，这种变化的产生是需要一定的时间的，同时对于机体不同部分的训练而言其适应性变化也是存在差异的，一般而言，结构的变化是后来出现的，机能上的变化是最早显现的。

（4）连续性

经过一段时间的训练之后，运动员的机体也会逐步得到改变，不论是其运动素质还是技战术等与以往相比都会产生一些变化，当然，这些变化的产生并不是一蹴而就的，而是逐步形成的。

如果机体已经能够适应某一负荷，那么再进行同等的训练之后，机体的反应就会逐步减小，长此以往，此种负荷便无法进一步提高运动员的竞技能力，为了让机体各方面的能力都得到一定的发展，就应该进一步增加负荷，这样机体就可以逐步适应新挑战，从而让自己的能力得到进一步提高。

2. 竞技状态的形成原理

运动员竞技状态的形成是需要一个具体的过程的，大致可以分为如下几个阶段。

（1）初步形成竞技状态阶段

我们可以将初步竞技状态阶段从两个方面出发进行分析，第一个阶段指的是运动员经过训练之后其身体的各项机能都得到了一定的提高，并且在比赛的过程中也逐步形成了一定的技术与战术。第二个阶段则是运动员拥有了专项化的特点，并且所拥有的竞技能力也渐成体系。

（2）发展和保持竞技状态阶段

在这一阶段，运动员进行训练的主要目的是为了保持竞技状态，如果遇到重大的赛事，则可以通过调控赛前的心理等，让自己的竞技能力达到最佳状态。

（3）竞技状态暂时消失阶段

进入这一阶段之后，运动员就逐步进入了调整阶段，从而迎接一下竞技状态周期的来临。

（二）训练调控原理

1. 超量恢复原理

超量恢复是对机体运动负荷的一种适应性阶段，对于调控运动训练而言是具有重大的意义的。

这一理论已经广泛地运用到了训练过程中，比如经过一段时间的训练之后就需要有一段休息的时间，我们就可以根据超量恢复理论从而确定休息多长时间。在休息的过程中，各种物质都能得到一定的补充，并且下一阶段的运动提供足够的物质保证。

2. 应激性原理

在篮球运动训练中，我们也可以充分发挥出应激学说的作用，其目的不仅是为了预防机体衰竭的产生，同时也是为了避免让运动员处于过度训练的状态，只有秉承可持续性的、科学的训练理念，才能最大限度地保护运动员的身体健康，并让他们拥有更长的运动生涯。

3. 恢复性原理

在进行运动活动之后，机体的恢复时值是不同的，我们可以将其分为两种，一种是完全恢复，另一种则是不完全恢复。

所谓的完全恢复指的是经过一段时间的修整之后，运动员的身体机能能够恢复到原来的水平，并且能够继续进行训练。

完全恢复用于下列训练过程：①协调和注意力集中训练；②最大力量训练；③反应和速度训练；④技术训练；⑤比赛练习。

不完全恢复指负荷后人体机能已大部分恢复，但尚未达到原有水平时进行下一次训练。不完全恢复用于下列训练过程：①速度耐力训练；②力量耐力训练；③专项耐力训练；④意志力训练。

4. 运动负荷训练原理

（1）不同的负荷结构其具有的目的性是不同的，我们就可以根据训练任务与目的的不同来选择训练的内容；

（2）运动负荷调控展示出了一定的综合性，对于一个总负荷而言，显然其组成的量与强度是存在差异的；

（3）运动负荷展示出了一定的个体性，由于不同的运动员其身体素质等方面存在差异，所以不同的人所能承受的最大负荷也是不同的，那么对于教练员而言就应该根据不同人的特点选择适合他们的训练强度；

（4）我们可以用两种方式表示运动的负荷度，一种可以用定量化的方式进行表达，另一种则是可以大、中、小的方式进行表达；为了进一步提高运动负荷的精准性，我们逐步向着负荷的定量化方向发展；

（5）训练的过程显然是一个持续性的过程，不仅如此，还展示出了一定的节奏性与周期性；

（6）运动负荷展示出了一定的可监控性，在具体的训练计划中，教练员应该明确训练的各种指标，只有如此才能建立起相应的负荷监测机制，并对运动员的训练效果做到心中有数。

第三节　篮球运动训练的原则和方法

一、篮球运动训练的原则

（一）自觉积极性原则

篮球运动训练要注意启发人的运动参与自觉积极性，通过启发教育促使人对篮球训练形成深刻的认识，并引导其积极思考，自觉主动、创造性地完成训练。要在训练中调动锻炼的自觉性和积极性，可以制订一个明确的目标，因为有目的才有动机，训练动机对自觉积极性具有非常大的决定作用。具体遵循自觉积极性原则需要做到以下几个方面。

1. 加强目的性和价值观教育

通过篮球教学和心理训练等各种手段，对学习者进行目的性教育，使其建立起初步的运动动机，然后从个人、家庭、集体、民族、国家的重要性及其巨大的社会价值，从中获得鼓励和激励，建立起为之奋斗、拼搏的志向。

2. 根据不同的训练者安排适当的训练形式

要根据不同训练者的个性心理特征，激发他们参与篮球运动进行运动训练或比赛的兴趣，以愉悦的形式使他们从训练和比赛中得到心理满足，逐步树立运动信心。

3. 发挥人在训练中的主体作用

要让训练者对训练的内容、任务、目的、计划等认识了解，并参与运动计划的制订和完成情况总结，变被动训练为主动训练。另外，要注意有意识地培养他们独立思考的能力，提高他们在各种复杂的环境及社会条件下，较好地控制自己的思想、行为和技术动作的自控能力与应变能力。

（二）持续性训练原则

持续性原则是指篮球训练必须持之以恒，长时间地不断反复进行。这是因为篮球运动遵循生物界“用进废退”的规律，运动技术的形成和提高是肌肉活动反复强化和系统机能不断改善的结果，不持续性的锻炼会让已经取得的运动效果逐渐消退。因此，训练者要想保持运动效果并不断提高，必须要遵循持续性原则，具体要做到三个方面。

1. 合理控制间歇时间

训练者技术、战术的掌握，实质上是条件反射、动力定型的形成，间歇时间过短可能导致机体的过度疲劳而造成机体的损伤。如果间歇时间过长就会使已建立的暂时性神经联系逐渐减弱甚至中断，条件反射消退，已掌握了的技术、战术生疏，以致产生各种错误。即使是原来已熟练掌握的技术、战术也会变得不熟练。同时，必然会导致机体机能消退的后果。

2. 巩固和提高机能适应性

人们通过训练可以让机体产生一系列身体形态，生理、生化机能和心理方面的适应性变化。通过训练，有机体在身体形态，生理、生化机能和心理方面所产生的一系列适应性良好变化，也是一个由少到多、由低到高渐进积累的过程，只有持续不断地进行训练，提高了的机能状态和适应性良好变化才能得到巩固和进一步提高。

3. 不断提高训练内容和训练负荷

以一定的顺序安排训练内容，如由低到高、由易到难、由简到繁，再选用合适的方法和手段，使训练者循序渐进地掌握技术和战术，发展身体，并逐步提高要求，才能取得良好的训练效果。特别是在战术配合的练习中，如果不结合训练者的实际水平，东一下，西一下，想到哪儿练到哪儿，搭花架子，将会造成训练者思维上的混乱，给整个队的战术配合带来致命的打击。

（三）一般训练与专项训练相结合原则

篮球运动训练中的一般训练与专项训练相结合原则，是指在运动训练过程中，应根据专项的特点、个人的训练水平和不同训练过程的任务，把一般和专项训练结合在一起进行合理安排，从而使其协调发展。一般训练是指在运动训练中以多种多样的身体练习以及训练方法和手段，来提高训练者各器官系统的机能，全面发展运动素质，改进身体形态，掌握一些非专项的运动技术和理论知识，改善一般心理品质。其主要目的是根据专项运动的需要，为最大限度地提高训练者的专项运动素质、技术、战术以及专项运动所需要的心理品质，打好多方面的基础。专项训练是指在运动训练中，以篮球专项的技术动作、战术形式以及与篮球专项技术动作和战术形式相似的练习，提高篮球专项运动所需要的器官系统的机能，发展篮球专项所需要的心理品质，其主要目的是最大限度地提高训练者的专项竞技能力与水平。

一般训练与专项训练相结合原则的主要依据有两个方面。一方面从运动训练的实践看，专项竞技水平高的训练者，一般训练水平也高，并且专项竞技水平保持较高状态的时间也长，因而要求相应水平的一般训练。另一方面，从理论上说，有机体是一个统一的整体，进行一般训练采取多种多样的训练内容和手段，可以补充专项训练的不足，因为不同人掌握动作技能的本质是条件反射的形成，是在大脑皮质建立的一种暂时性神经联系，这种联系建立得越多、越巩固，学习、掌握新的动作技能就越容易、越快；各项运动素质的发展是相互影响、相互制约的，运动素质的全面发展，有利于专项运动素质的提高；一般训练可对专项训练起调节作用，只进行专项训练容易造成机体的局部负担过重和中枢神经系统的疲劳，而配以一般训练，能起到积极调节作用，更好地提高专项训练的效果。专项训练是提高专项竞技能力的保证，只有进行专项训练，才能保证专项所需要的机体的机能和专项运动素质的发展，以及掌握专项运动技战术。一般训练和专项训练是运动训练中不可缺少的两个方面，忽视或取消任何一个方面，都将导致运动训练效果的减弱，甚至失败。

贯彻一般训练和专项训练相结合的原则，应注意以下基本要求：

（1）要重视一般训练，在全年和多年训练过程中都要安排一般训练的内容。

（2）根据对象的训练水平，篮球运动的项目特点和训练各时期的任务与要求，科学地确定一般训练和专项训练的内容与比重。

（3）一般训练的内容和手段的选择，既要全面，又要结合专项需要，突出重点。

（4）在平时训练中要灵活安排一般和专项训练。

（四）循序渐进性原则

循序渐进原则是指运动训练的内容、方法，负荷等根据事物形成的规律从小到大、由简到繁、由易到难等逐步进行。最忌的就是在训练中急于求成，想要一挥而就，这可能会造成伤害事故，损害人的身体健康。因此，在运动时要严格按照循序渐进地原则进行训练。在篮球训练中贯彻循序渐进原则，应注意以下几个方面。

1. 训练的系统性

篮球训练中要贯彻循序渐进性原则首先是要根据训练的难易程度系统安排攻守技战术体系。根据训练大纲的要求，安排好训练进度和训练计划，使训练进度符合篮球运动训练的规律。例如，在安排基本技术训练时，要先进行进攻移动训练，后进行防守移动训练，移动是篮球运动的技术基础。在此基础上再训练篮球运动的基本技术，然后训练技术等。只有全面地掌握了基本技术，才能进行战术基础配合和全队战术的训练。

2. 训练的阶段性

篮球训练要遵循循序渐进性原则就要根据动作技能形成的规律，根据训练的不同阶段特点来组织训练。训练过程可以分为认知定向阶段（泛化阶段）、巩固提高阶段（分化阶段）、熟练阶段（自动化阶段），如在技术的初学阶段，要通过讲解、示范和试做，使训练者建立动作概念、视觉表象和初步的运动感觉，通过不断练习使正确技术动作巩固下来，然后加大练习难度，使动作达到熟练。因此，训练中必须注意训练的阶段性特点，并针对不同阶段采取不同的训练方法。

3. 训练负荷的合理性

篮球训练中要遵循循序渐进性原则还要注意训练负荷的合理性。在运动过程中循序渐进地增加训练负荷，必然会导致机体的疲劳，疲劳并不是有害的，没有疲劳就没有超量恢复，也就没有健康和素质水平的提高。在训练强度上提倡适度的疲劳，但是过度疲劳则不能达到促进健康、提高身体素质和技术水平的目的。因此，根据训练者的身体状况、训练内容、场地气候等综合因素来合理安排运动负荷，要逐步加大运动负荷，只有在训练者适应了原有负荷的基础上再进一步加大，才能取得比较好的训练效果。要适当搭配负荷量和负荷强度，从人的实际水平出发突出强度。在加强强度负荷的同时加强医务监督和恢复手段，积极采用有效的恢复手段，有助于更快地消除负荷后的疲劳，加强能量物质的再生，迅速地适应。

（五）训练与比赛相结合原则

从训练与比赛的关系来看，训练是为了比赛，因此从实战出发，比赛与训练相结合是提高训练者竞技能力、篮球运动比赛成绩的需要。训练的任务是通过创造条件、改变条件、变换环境、增强实力等方式模拟比赛，以提高运用技术、战术的能力，从比赛中提高竞技能力。在训练实践中，贯彻训练与比赛相结合原则主要有以下几个方面的要求。

1. 建立合理的训练目标

建立合理的训练目标是实现训练者个人和团队整体技术水平提高的需要，也是组织好篮球训练与比赛活动的重要依据。要想建立合理的训练目标，就必须要对训练者的个人情况进行科学的评判，并做出全面分析，提出客观评价。这样才能制订科学的篮球训练计划，进而确定经过艰苦的努力有较大可能实现的训练目标。

2. 根据比赛特点组织训练

每个运动项目都有各自的特点，篮球运动要求训练者有良好的身体素质、力量素质、灵敏素质、速度素质、爆发力素质及良好的心理素质和智力水平。因此，对篮球比赛的竞技特点和训练者竞技能力结构特点的分析，是选择适宜的篮球训练内容和手段不可缺少的重要前提和重要基础。

3. 按照比赛需要确定运动负荷

因为篮球训练负荷的内容是由发展体能的练习、发展技能和战术能力的训练、发展心理能力和智能的练习组合构成的，因此在确定不同负荷内容的比例时，应根据训练者的篮球技术水平、其目前所处训练阶段等因素来确定其合适的运动负荷。

（六）全队训练与个别对待原则

全队训练是指在篮球的运动训练中，根据篮球技术、战术的要求组织全队进行旨在提高队员之间技术、战术组合和在对抗下配合能力的集体练习与竞赛。篮球是一项集体直接对抗的竞争激烈的运动，其技术、战术行动都要通过集体的密切配合和协调默契来完成。在篮球场上，每一行动，必须胸怀全局，与同伴通力协作、密切配合，努力为本队创造进攻机会和组成严密防守，或主动弥补同伴造成的漏洞。一方面，要把个人技术的发挥融合在集体协同之中，努力促使集体战术的实现；另一方面，集体的密切配合又为个人的技术施展创造良好的条件，可以充分发挥个人的能动作用。因此，篮球的全队训练是由篮球运动项目的特点所决定的，全队训练的状况如何，将直接影响全队的竞技水平与运动成绩。个别对待则是指在篮球训练过程中，要根据训练者的个人特点，有针对性地确定训练内容、选择方法和手段、安排运动负荷。由于训练者的个体特征，如年龄、性别、身体条件、承担负荷的能力、技术水平和心理品质，以及篮球运动项目中各自不同位置的分工和职能，对个人提出了不同的要求，因而个人状况如何又直接影响全队的发展与提高。

提出全队训练与个别对待原则的主要依据是：

（1）篮球运动是一项集体项目，只有通过全队的科学化训练，才能够获得集体良好的竞技状态，并在复杂、多变、对抗的竞赛中表现出来。

（2）训练者各方面的条件千差万别，不仅每人的起点不同，而且随着训练过程的发展和变化，他们之间会产生各种差异，这就要求在训练中要个别对待，注意个人针对性，才能收到良好的训练效果。

（3）篮球运动项目位置分工不同，其技术特点、战术要求等也都不相同，需要进行个别训练。

（4）个别训练是全队训练的基础，全队训练是个别训练后技术、战术和身体素质的集中表现。

在贯彻全队训练与个别对待原则时应注意以下基本要求：

（1）明确全队的风格特点，制订符合本队特点的战术方案，组织好各种阵容结构，使全队训练有的放矢。

（2）制定训练计划要在全面了解全队和每个训练者的基础上，充分反映全队的特点和个人特点。

（3）处理好全队集体训练和个人训练的关系。在全队训练时，教练员除有共同的一般要求外，也要考虑对每位训练者在内容、方法和运动负荷安排上的不同要求；在进行个人训练时，教练员除加强个别指导外，也要注意全队的整体要求。

二、篮球运动训练的方法

（一）重复训练法

这种练习方法在运动训练中是经常采用的基本练习方法，因为无论哪种技战术动作的掌握都必须经过反复的练习，才能运用自如。重复训练法是指在相对固定的条件下，教练员为有效地巩固提高训练者的机体机能和技战术动作质量按照一定的要求反复进行同一动作的一种练习方法。重复训练法主要有四个因素构成：重复训练的次数和组数；每次练习的强度；每组重复练习的距离和时间；每次（赛）练习之间的间歇时间。在做每一个或每一项具体练习时不宜对四个基本因素同时提出要求。

（二）比赛练习法

比赛训练法是通过比赛的方式进行训练的方法。这种训练方法是在接近比赛的条件下运用所学技战术动作，增强篮球意识，提高篮球运动素养的一种练习方法。训练者技战术动作的练习是通过比赛实践来体现的，任何技战术动作练习的成败与否都必须通过比赛来检验。通过比赛积累经验，既是篮球运动训练的必经之路，也训练者迅速成长的重要环节。

（三）间歇训练法

所谓间歇练习法是指在一次（组）练习之后，严格控制间歇时间，在机体未完全恢复的情况下，就进行下一次练习的训练方法。间歇训练法在形式上与重复训练法类似，两者都是在经过一定的间歇时间后再进行下一次练习。不同的是间歇训练法每次重复练习之间的间歇时间有严格的规定，要在人的机体未完全恢复的状态下就进行下一次的练习。而重复训练法则要在间歇时间里，使人的有机体基本恢复的状态下才开始下一次练习，这是区分两种训练方法的关键所在。间歇训练每次重复练习的距离或负重量还可有一定的变化，但不能太大。而重复训练的距离或负重量则相对固定。

间歇训练法的构成因素主要有五个，分别是：每次练习的时间和距离；每次练习的负荷强度；每次重复的次数和组数；每次（组）练习的间歇时间；间歇时休息的方式。并且根据这五个因素，可以组成不同的间歇训练方案。

（四）综合练习法

综合练习法顾名思义是指教练员针对训练所要解决的某些技术动作与实际运用脱节，练习与实践脱节等问题，而将几种练习方法的特点有机地加以结合而形成的一种练习方法。这种练习方法可以有效地提高训练者单位时间内的练习效率，增强训练者对技战术动作的运用能力和熟练程度，更好地培养战术意识。但需要注意的是在运用中教练员要以提高练习质量为目的，抓住关键环节，解决主要矛盾，合理设计和选择综合练习。

（五）游戏训练法

游戏训练法是指教练员根据训练的需要，为了充分调动训练者的情绪，从而使训练能够达到最佳效果而采用的一种练习方法。游戏特别是篮球游戏作为一种训练手段，既适用于一般训练和专项训练又适用于篮球技术、战术训练，同时还可作为身体训练和恢复手段加以运用。但运用游戏练习法时对游戏内容、形式的选择要有明确的目的，要根据训练的需要来安排和组织，游戏中要规定游戏规则，引导训练者运用已掌握的技战术动作进行练习。

（六）分解训练法

所谓的分解训练法指的是教练员将整个的动作或者是战术等进行拆分与配合，这样就可以让训练者循序渐进地进行练习，从而掌握好某个技术与战术。对于那些简单的动作而言，是不需要使用分解训练法的，一般而言，那些难度较大的动作或者是技战术等应用分解训练法的概率比较大，由于这些动作比较复杂，为了减少运动员们出错的概率，教练员就可以将这些动作进行分解。

1. 单纯分解训练法

单纯分解训练法指的是简单将训练的内容分为几个不同的部分，从而进行分别学习，最后再进行综合练习。这种方法的特点在于对于分解之后的各个部分都可以进行单独的练习。

2. 顺进分解训练法

顺进分解训练法指的是将训练的内容分成不同的部分，在第一个部分的内容完全掌握之后，再进行第二个部分的学习，这样步步为营从而让运动员掌握整个的动作。

3. 递进分解训练法

递进分解训练法也是将一个动作分成几个不同的部分进行练习，在掌握第一部分之后再进行第二部分的练习，在练习第二部分时同时巩固第一部分的内容，以此类推，直至掌握整个动作。

4. 逆进分解训练法

逆进分解训练法指的是训练的内容拆分为几个不同的部分，先进行最后一个部分的训练，之后再往前推进，直至掌握整个动作。

（七）循环训练法

循环训练法是指根据训练的具体任务，建立若干练习站（点），然后训练者按照既定的顺序、路线，依次完成每站（点）的练习，周而复始地进行训练的方法。循环训练法每站都有预先确定的练习内容、要求和负荷参数，并且可结合其他的训练方法形成不同的循环训练方案。循环训练法主要由四个因素构成：即每站练习的内容；每站练习的负荷量和强度；站的数量和循环的次数；站与站和每次循环之间的间歇时间。

（八）变换训练法

所谓变换训练法是指在练习过程中，有目的地变换练习的内容、运动负荷、动作的组合以及变换练习的环境、条件等而进行训练的方法。

由于比赛的过程是非常复杂的，并且可能会存在激烈的对抗，所以一味地墨守成规显然是不行的，那么教练员就可以通过改变运动负荷，让机体产生不同的适应性变化，从而推动运动员素质的进一步发展，并且进一步提高其随机应变的能力。

第四节　篮球运动训练的质量监控

一、运动训练质量监控的任务

（一）运动训练监控的机构与任务

对于职业化的竞技体育运动训练来说，在实际的训练监控过程中，需要训练督导来负责监控训练的质量。通常而言，体育主管部门为了强化运动训练的质量，会专门设置一个独立的质量监控机构，从而确保质量监控的权威性和独立性。

在运动训练监控过程中，质量监控机构负责对教练员和运动员在整个运动训练过程中的思想和行为进行监控，并提供信息反馈，以便于运动训练的科学调整。

（二）运动训练监控的人员与任务

1. 监控机构负责人的监控责任

监控机构负责人的监控责任主要是对教练员和运动员进行整体监控，把握总的运动训练方向和目标问题。

一般来说，监控机构的负责人必须要有较高的专业素养，并具有一定的监控方法。针对教练团队和运动员训练的实际情况，进行定期和不定期的检查和评定。

2. 教练员的监控任务

除了宏观上的运动训练监控机构负责人的监控，运动训练开展过程中，还需要有一定的专职教练来负责监控质量工作。教练员承担监控质量的特点是内部的、自身的质量监控。教练员对运动员训练质量的监控、检查是监控的首要环节。具体来说，教练员的主要监控职责主要包括以下几个方面的内容。

（1）根据训练计划、训练教案等设计，提出训练任务、训练目标、训练负荷、训练手段和训练组织等方面的质量检查标准。

（2）负责对训练课中的训练活动进行质量监控，记录训练实际状况并及时进行统计小结。

二、运动训练质量监控的种类

按照运动训练过程的相关分类，运动训练质量监控的工作也可分为三种类型，即阶段性质量监控、小周期质量监控、训练课质量监控。

（一）阶段性质量监控

阶段性质量监控，主要是根据年度训练过程、周期训练阶段而进行的质量监控。阶段性质量监控的任务是了解周期阶段中竞技能力因素的发展变化和不足，研究并提出下一周期或阶段训练的改进措施。因此，阶段性质量监控工作十分必要。

1. 阶段性质量监控的要求

（1）监控内容需要全面

通过阶段性质量监控工作，可以找出现实存在的问题，提出改进和改善训练工作的措施与要求，为下一步挖掘训练潜力、提高训练质量、制订训练计划提供科学理论与事实依据。

（2）重视阶段性质量监控过程的测试工作

阶段性质量监控过程的测试工作是质量监控工作的基础。应注意测试条件的相同性，同时防止测试之前运动负荷对测试结果的影响。在运动实践中，只有采用与专项运动性质高度相关，并须通过承担最大负荷或最大限度动员肌体潜力的测试项目和方法，才能对运动员阶段性的训练水平做出客观评价。阶段性质量检查必须在比赛的环境下或是类似比赛的考核条件下进行测试，只有在这种条件下反映出来的竞技能力测试指标，才能真实地反映运动训练的实际质量和效果。

2. 阶段性质量监控计划的制订

在现代体育运动训练实践中，在设计与制订年度、周期训练计划时，就必须确定阶段性质量监控的监测项目。大周期以上训练计划中提出的检查性指标，特别是与运动成绩高度相关的各个阶段的阶段性检查指标，就是阶段性质量监控的监测指标。简单概括来说，训练计划中的发展指标，既是教练员的检查依据，也是运动员的监测依据。

（二）小周期质量监控

1. 小周期质量监控的任务

（1）了解前两周训练负荷累积作用的效果。

（2）本周训练过程的基本状况。

（3）检查不同负荷性质训练工作的效果。

（4）确定若干训练课后疲劳累积程度。

（5）观察运动员肌体恢复过程的状况。

（6）考察训练日或本周不同负荷性质和负荷搭配的效果。

2. 小周期质量监控的内容

小周期质量监控的内容是根据小周期训练任务而定。根据阶段训练进度的要求，小周期质量监控的内容主要是竞技能力的某一方面因素或某一方面的训练内容。

3. 小周期质量监控计划的制订

在运动训练实践中，设计与制订中周期的阶段训练计划时，必须根据大周期训练计划的要求和竞技能力的发展趋势，确定小周期质量监控的监测项目。

在这里需要特别指出的是，小周期质量监控的监测项目要特别注意指标内容的关联性和继承性。

（三）训练课质量监控

一般来说，运动训练质量是训练课质量的集合，训练课质量是构成整个运动训练质量的最小单元。从实践角度来看，训练课质量监控的意义更大。

1. 训练课监控依据与监控要点

（1）训练课质量监控依据

①原周计划的安排。

②上次训练课的效益。

（2）训练课质量监控要点

训练课质量监控要点主要包括训练准备、训练态度、训练过程、训练手段、训练负荷、训练效果。

①训练准备

包括两个监控点，即教案编写和课前准备。教案编写质量监控内容是：必须根据进度，写好教案；任务明确，要求具体、全面；结构完整，重点突出，方法得当，安排合理，写出练习组数、次数、时间、要求，运动负荷设计合理、文字简练、绘图清晰。课前准备质量监控内容是：教练员必须提前到场，检查场地、器材，了解环境，注意安全，消除隐患，并能充分利用现有条件上课，自带教案，以备查看。训练教案应该备有一张空页以便记录实际指标。

②训练态度

在运动训练中，运动员的良好训练态度是训练课中教练员创造训练气氛、调动运动员训练激情的条件。它主要包括工作认真负责，思想积极主动，态度热情耐心，精神十分饱满，严格训练要求，严肃过程管理。

③训练过程

主要包括课的结构、训练组织两个监控点。其中，课的结构又以准备部分的准备活动，基本部分的技术、战术、素质训练内容和结束部分的整理放松活动为主要监控点。训练组织则以组织形式、组织调配、主导作用、主体作用作为监控点。

④训练手段

训练手段是训练课质量监控的重点。运动训练的手段具有多样性，在运动训练过程中，动作的规范性、落实的有效性和施教的针对性都是通过手段体现的。其中，身体练习的动作规格、动作难点、动作重点是主要监控点。

⑤训练负荷

在运动训练实践中，训练负荷的安排和效果是直接影响训练质量的核心要素。因此，训练负荷的合理安排也是训练课质量监控的主要监控点。通常，训练负荷主要是由训练课的练习密度、课的负荷强度组成。课的负荷强度和练习密度应参考篮球运动项目的性质和医务监督指标进行监控。

第三章　现代篮球运动的基本技术及训练

篮球技术是在长期运动实践中积累、发展起来的动作体系，是按特定的顺序和环节组成多种多样的动作方法，其结构是以人体生物学原理及篮球规则为依据，强调实效性并存在个体差异性。本章主要论述了篮球运动的基本技术、篮球运动技术的训练方法等内容。

第一节　篮球运动的基本技术

一、篮球运动技术概述

（一）篮球运动技术的概念

篮球运动技术的基本含义，应从动作方法和实际运用两个方面加以解释。

篮球运动技术是篮球比赛中运动员为了进攻与防守所采用的专门动作方法的总称。它包括移动动作（指跑、跳、急停、转身等无球的动作方法）、控制支配球动作（指接球、传球、运球、投篮等有球的动作方法）和争夺球动作（指抢球、打球、断球、抢篮板球等动作方法），以及由这些动作各种各样的组合所组成的动作体系。运动技术是理想化了的动作模式，有其动作的规范，既要符合篮球竞赛规则的要求，又要适应攻守对抗的需要，也要符合人体运动科学的原理，并有运动员的个人特点，能解决比赛中攻守的具体任务，从而表现出动作方法上的专门性和合理性。

篮球运动技术又是运动员在比赛攻守对抗情况下合理运用专门动作的能力。它不仅是动作模式的重复，而且是队员有意识的运动行为和操作技巧。因此，运动员在比赛中必须独立、果断地去运用技术动作与同伴配合，同对手抗衡，去争取时间和空间的主动。这也是他们智能、体能、技能、经验和创造能力等的综合体现，反映出他们运用专门动作的技巧性和实效性。

篮球运动技术是进行篮球比赛的基本手段，双方运动员都以技术动作进行对抗。动作表现为运动，动作过程表现为运动过程，两者以现象和本质两个不同角度存在于对抗的过程之中，并作为竞技的手段发挥其攻守相互制约的作用。篮球运动技术也是运动员比赛行为的核心。运动员的智慧、技能、运动素质、心理品质和道德作风等都是通过篮球运动技术集中表现出来的，是竞技水平最显著的标志。篮球运动技术又是篮球战术的基础，任何战术意图和战术方法的实现，都需要掌握相应而熟练准确的技术动作和应变能力来保证，实质上，战术就是运动员和运动员之间技术运用的组织形式与方法。所有这些正说明篮球运动技术在篮球运动中的重要地位和作用。

（二）篮球运动技术的基本特征

1. 身体动作与控制支配球的结合

篮球运动技术区别于其他运动项目技术的最显著特点，就是运动者用手直接控制和支配球，并与全身协调配合组成各种专门动作，最后通过手部的动作控制、支配球的运行和争夺获球，使身体动作与控制支配球融为一体，展现出篮球运动技术的魅力。

2. 动态与对抗的结合

篮球竞赛本身就是一个攻守对抗的动态过程，一切篮球运动技术都是在动态和对抗中操作，快速、准确、实用、多变，充分表明了在争取时空主动上的合理性和创造性，两者的结合则是篮球运动技术的又一特征。

3. 相对稳定与随机应变的结合

任何运动技术都具有相对稳定的动作环节，篮球运动技术也不例外，但它又是必须随着环境的变化而变化，随着对手的变化而变化，并要及时做出应答动作的开放性技能。要在攻守对抗中各种不同条件下去组合动作，随机应变创造性地完成攻守任务。

4. 规范性与个体差异的结合

任何运动技术都必须符合科学的原理而具有一定的规范性，某些动作环节的规范影响着球的运行和效果，因此，必须按规律来操作。然而，队员有个体的差异性从而表现出不同动作的特点和风格。在训练与比赛中不能强求动作外形的模式，而要讲求实效。规范性与个体差异相结合的特征，也是其他竞技运动项目技术共同具有的特征，只不过篮球运动技术更为突出。特别是一些具有技术特长的运动员往往也不是很规范的。

（三）影响篮球运动技术发展的因素

篮球运动技术的发展是一个实践过程，推动着技术的改进、完善与创新。在这个过程中，人与人之间的一种特殊关系与篮球运动技术的发展息息相关。运动员是篮球运动技术主体的操作者，直接影响着技术的质量与发展，而指导者的组织、经验等对篮球运动技术的发展起着重要的作用，科研人员对篮球运动技术的研究也越来越发挥着积极的作用，他们之间结成了主体、主导和协作相辅的关系。其中人是最重要的因素，从设计到实践，从教学到训练，从改进到完善，从研究到创新，是促进篮球运动技术发展的内在动力。当然，除了人的因素外，并不排斥物的要素，如场地、器材、设备等在一定程度上也促进了篮球运动技术的发展。篮球是竞技性运动项目，竞赛规则对篮球运动技术的发展有着导向的作用，影响着攻守技术之间平衡与不平衡的发展。规则的一些具体规定，在一定的时间内也直接制约或推动着某些篮球运动技术与战术的发展速度。篮球竞赛所创造的竞技环境与条件，也使篮球运动技术得以提高。尤其篮球竞赛的商业化发展趋势，也使篮球运动技术受到市场价值规律的驱动并产生积极的影响。当今体育科学中的许多基础学科和边缘学科的发展，使得它们的理论与方法为研究篮球运动技术的理论和动作方法的更新提供了依据，起到了指导和论证的作用。同时在教学、训练、竞赛、科研等领域中，运用一些先进的科技手段，也对篮球运动技术的发展有着促进的作用。

二、篮球运动进攻技术和防守技术

（一）篮球运动进攻技术

篮球运动进攻技术有移动，传、接球，投篮，运球，抢篮板球。每项技术又有多种动作方法。

1. 移动

移动是队员在比赛中为了改变位置、方向、速度和争取高度所采用的各种脚步动作的总称。队员在球场上需要保持一个既稳定又便于移动的站立姿势，以利于迅速、协调去完成各种攻守技术。

2. 传、接球

传球是篮球比赛中进攻队员之间有目的地转移球的方法，是进攻队员在场上相互联系和组织的纽带，是实现战术配合的具体手段。传球技术的好坏将直接影响战术质量和比赛的胜负。准确巧妙的传球能打乱对方的防御部署，创造更多、更好的投篮机会。

传球的技术动作是多种多样的，既有双手的，也有单手的。双手传球能控制动作的准确性，而单手传球则具有飞行速度快、动作简捷灵活、隐蔽多变的特点。

3. 运球

运球是持球运动员用手连续按拍借助地面反弹起来的球的动作方法。运球是篮球比赛中持球运动员移动的手段，它不仅是个人摆脱防守进行进攻的方法，而且是组织全队进攻配合的桥梁，并且对发动快攻、突破紧逼防守都起着较大的作用。

4. 投篮

投篮是队员将球投入篮筐而采用的各种专门动作方法的总称。它是篮球比赛中唯一的得分手段，是一切进攻技术战术的最终目的和攻守矛盾的核心。因此，正确掌握并熟练运用投篮技术，不断提高投篮命中率，对篮球运动员来说是非常重要的。随着现代篮球运动攻守对抗的日益激烈，运动员身高、身体素质及技术水平的提高，促进了投篮技术的不断发展。投篮出手部位由低到高，出手速度由慢到快，投篮方式越来越多，命中率也越来越高。

投篮的动作方法很多，按照投篮持球方法不同可分为双手投篮和单手投篮两大类；按照投篮前持球置于身体的不同部位可分为胸前、肩上、头上等各种动作方法；按照投篮时队员状态可分为原地、行进间投篮。

投篮技术是由持球手法、瞄篮点、投篮动作、球的旋转和投篮抛物线等环节组成。

（1）持球手法

持球是投篮时能否牢固地控制球和完成投篮动作的前提，无论是单手投篮还是双手投篮，持球时五指都应自然张开，掌心空出，用指根及指根以上部位接触球，增大对球的接触面积，以保持球的稳定性，控制球的出手力量和方向。

（2）投篮动作

投篮是从准备姿势开始，用下肢蹬地发力，腰腹用力向前伸展，手臂向前上方伸直，手腕前屈或翻转，手指拨球的全身综合协调的力量将球投出。在球出手的一瞬间，手指作用于球体的力量大小、方向和作用点等，决定着球的出手角度、速度和旋转。由此可见，手腕和翻腕、前臂和手指的弹拨作用于球的力量是投篮发力的关键。投篮时的伸臂屈腕动作应该协调连贯、柔和舒展，使身体各部位肌肉用力协调一致，以精确地完成投篮动作。通常投篮距离越近，身体综合用力的程度越小，以手指与手腕动作用力为主。远距离投篮时，身体综合用力的要求则越高。

5. 持球突破

持球突破是持球队员运用合理的脚步动作与运球技术相结合，快速超越防守队员的一项攻击性很强的进攻技术。在比赛中，及时地把握突破时机，合理地运用突破技术，是直接切入篮下得分的重要手段。持球突破还可打乱对方的防御部署，为同伴创造更多更好的投篮机会。突破若能巧妙地与投篮、传球等结合运用，可使突破技术灵活多变，就能更好地发挥突破技术的攻击力。

（二）篮球运动防守技术

防守技术是防守队员为阻挠和破坏对手的进攻，合理运用脚步移动和手臂动作，积极抢占有利位置，以达到争夺控制球权为目的所采用的各种专门动作的总称。防守是一项综合的技术动作，主要包括防守无球队员和防守持球队员。

1. 防守无球队员

在篮球比赛中，进攻队员有 4/5 的人始终是处于无球状态，而且无球队员随时都可能变成有球队员，一旦得到球即成为有球队员，也就变成了直接得分者。所以，防守队员也是有五分之四的人处于防无球队员状态，就防守的内容和任务而言，防无球队员重于防有球队员；在比赛中，出于无球队员直接得分的威胁，所以，防守队员很容易忽略对自己对手的防守，使无球队员出现大量的得球机会，使防守陷入被动。为此，在防守技术教学与训练中，每个防无球队员的防守者都要像防守有球队员一样，高度认真，步步紧逼，防止其接球和进行各种进攻配合。

防守无球队员的基本要求如下所述：

（1）防止对手摆脱，做到以人为主、人球兼顾（针对盯人防守）。

（2）通过绕前抢位、上步，以及堵、卡、抢、断，不让对手在限制区及其附近范围内接球。

（3）通过积极移动和手臂干扰，不让对手轻易地接球，即使接到球也使其不便做下一个动作。做到内紧外松、近球紧。

（4）要做到及时、果断地进行协防配合。

2. 防守有球队员

只有有球队员才有直接得分的可能，因此，有球队员的最大威胁首先就是投篮得分。但有球队员并不是有球之后就可以投篮，在很多情况下有球队员是投不了篮的，因为其不具备合适的投篮时机。在此情况下，有球队员主要通过传球和运球、转移球的方法来创造投篮机会。所以，防守有球队员时，既要防其投篮，又要防其传球和运球突破。

防守有球队员的基本要求：

（1）要站在对手与球篮之间有利的位置上。

（2）既要挥举两臂防止传、投，又要积极移动堵截运球突破。

（3）不要轻易前扑或上跳而失去重心。

第二节　篮球运动技术的训练方法

一、篮球运动一般技术训练

（一）传接球的技术训练

1. 传接球技术训练方法

（1）原地徒手双手持球动作的模仿练习，该练习能够让运动者更好地体会不持球时正确做出双手持球的徒手模仿动作。

（2）两人为一组，一人原地传球，另一人向左、右、前、后移动做接球练习。两人相距 4~6 米，多次传接球练习之后相互交换。

（3）全场三人传接球练习。每传一次球都要通过中间人，在 3 人传球推进的过程中，应该保持好三角队形，中间人稍后，两边在前。

（4）迎面上步传接球练习。练习者排成纵队，教师持球距纵队 5~7 米。排头队员上步接教师传来的球并回传给教师，之后跑回队尾，接着第二名队员进行练习，以此类推。

2. 传接球技术训练的注意事项

（1）练习者在掌握动作规格的同时还应该养成良好的观察能力与判断能力，善于隐蔽自己传球的真实意图，并将假动作等个人战术行动与提高传接球技术进行有机结合。

（2）训练时应该狠抓传球的手法，先进行传平直球用力手法的训练，再训练传折线球的用力手法，最后训练高吊球（弧线球）的用力手法，并以三种传球路线交替进行训练。对于动作的规范与要领应该严格要求，从而促进练习者形成正确的传球手法，为更多篮球技术的学习与掌握奠定基础。

（二）运球的技术训练

1. 运球技术的训练方法

（1）原地进行高运球、低运球训练。左右手交替进行原地体前左右手变向运球。右手运球按拍球的右上方使球弹向左侧，左手按拍球使球弹向右侧。反复进行练习。

（2）原地进行胯下左、右运球训练。运球者右手持球加力使球从胯下自左反弹，左手迎引球后，再加力使球从胯下向右反弹回，依次两手交替运球。反复进行练习。

（3）原地进行体侧前后推拉运球训练。运球者两腿前后开立，运球手按拍球的后上方使球向前弹出，运球的手快速前移至球的前上方，按拍球使球弹回。反复进行练习。

（4）对抗运球训练。两人为一组，每人运一球，在保证自己的球不被对方打掉的前提下寻找机会打掉对手的球。另外还可以几个人在固定区域内同时进行训练。

2. 运球技术训练的注意事项

（1）运球训练时应该重点抓好运球基本功的训练，从而有利于运动员提高控制球以及支配球的能力。在运动员初步掌握运球动作之后，应该训练抬头的运球技术，用手感来对球进行控制，并养成运球时目视前方、观察场上情况以及屈膝的习惯。

（2）训练过程中应该牢抓运球的关键，同时结合多种熟识球性的辅助性训练，练好手上功夫与脚步动作的快速灵活性。还应该特别加强对水平较低队员的运球训练。

（3）在进行防守训练时，应该从消极防守到积极防守，在不断加强对抗的训练中提高队员的场上应变水平。

（三）抢球、打球、断球的技术训练

1. 抢球技术训练

（1）2人为一组，相距1.5米，相对站立。一人双手持球于腹前，另一人按抢球的动作要求，突然止步将球抢夺回来。持球者由正常握球开始，不断加大握球的力量，使抢球队员体会和掌握拉抢和转抢的动作方法。在每人抢若干次后，攻守交换继续进行训练。

（2）原地抢球训练。2人为一组，持球队员在原地做投切结合的脚步动作，防守队员学习并体会抢球动作的要领。训练一段时间之后，互换攻守。在抢球过程中，应该保持正确的防守位置，控制自己身体的平衡；抢球的动作应该果断，主要以小臂、手掌、手指短促动作突然抢球。

（3）抢空中球训练。3 人为一组，一人持球与其他 2 人面对站立，相距 3~4 米，持球队员将球抛向空中，另外 2 名队员迅速起动、选位、起跳、抢球。

（4）抢地滚球训练。队员在端线两侧面对面站成两列横队。教练在端线中点向场内抛球，左右对应的 2 个队员快速冲向球，抢到球的队员向对面篮筐进攻，没有抢到球的队员进行防守，轮流进行训练。同时，为了提高练习者的反应能力，可以将两边的队员进行编号，在教练叫到某号时，两边同号的队员应该马上启动抢球，抢到球者进攻，没有抢到的进行防守。

2. 打球技术训练

（1）接球时的打球训练。两人为一组，相距 1.5 米。持球人做出传球动作后，另一队员迅速上步打球，二人轮流进行练习。

（2）正面打运球队员的球的训练。在半场或者全场一攻一守的训练中，防守队员应该紧跟运球队员。当球刚从地面弹起时突然打球，2 人轮流进行攻守训练。

（3）从背后抄打运球队员的球。2 人为一组，一人进行持球突破，一人进行防守。在进攻队员持球突破的一瞬间，防守队员利用前转身上步，从运球队员身后，用靠近运球的手由后向前抄打球，之后进行上步抢球。2 人轮流进行训练。

（4）抢篮板球下落时的打球训练。2 人为一组站于篮下，一人把球抛向篮板，另一人跳起抢篮板球。在获得球下落转身时，投球者立刻上前打球。2 人轮流进行训练。

3. 断球技术训练

如图 3-1 所示，④与⑤原地相互传球，在⑤未接到球之前，△4从⑤身后进行纵断球，断球之后运球上篮，上篮后抢篮板球并将球传给⑦，⑦与⑥相互传球，在⑥没有接到球前，△4蹿出横断球，断球之后运球上篮，上篮后抢篮板球再将球传给④；△4排在△6后面。如此反复练习。

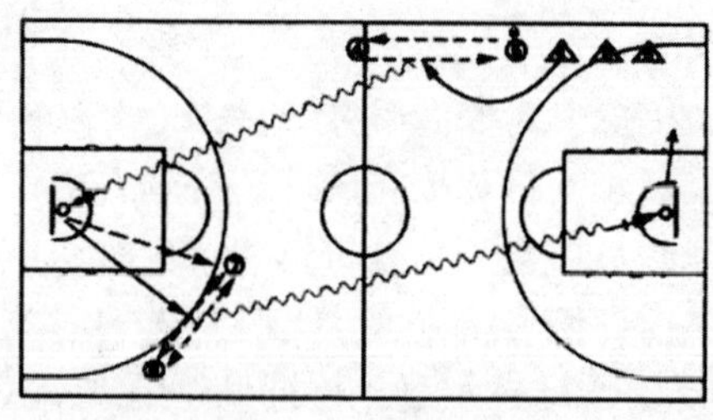

图 3-1　断球技术训练

（四）抢防守篮板球的技术训练

1. 抢篮板球技术的训练方法

（1）练习队员分别站成两列，根据口令进行徒手原地双脚起跳，进行单、双手抢篮板球动作模仿训练。

（2）队员持球向篮板或者墙上抛出后进行上步起跳，用双手或者单手在空中争抢反弹回来的球。

（3）练习队员分别站成两列并保持面对面，一步间距，2 人一组进行训练。根据教师的信号，前排训练者进行前转身、后转身挡住后排训练者，多次训练之后进行交换训练。

（4）练习队员分别站成两列，每人一球向头上抛球之后起跳，双手或者单手进行空中抢球训练。

（5）抢占位置的训练。2 人相距 1 米，对面站立，进攻队员运用假动作设法摆脱防守占据有利的位置，防守队员通过采取转身将攻方挡住，同时起跳模仿抢篮板球的动作。多次训练之后进行攻守交换。

2. 抢篮板球技术训练的注意事项

（1）在抢篮板球技术训练过程中，练习者应该注意与其他技术相结合。

（2）抢篮板球的技术训练应该在战术背景下进行，同时应该结合战术进行训练。

（3）在抢篮板技术训练过程中，练习者应该强调抢篮板球技术的实战训练，加强抢篮板球的对抗训练，抢防守篮板球注重先挡人后抢球，抢进攻篮板球强调先冲抢占据有利位置之后再进行篮板球的争抢。

（五）防无球队员的技术训练

1. 防守无球队员的训练方法

（1）强侧、弱侧的防守训练

进攻队员在外围传球，可做摆脱接球动作，但不可穿插、掩护。防守队员应该根据球的位置进行相应的选位，积极防守摆脱接球，多次训练之后进行攻守的互换。防守队员应该根据球的情况适时调整防守的位置，从而做到人球兼顾以及正确的防守姿势。

（2）抢位与防底线突破训练

在防守者进行抢位以及防底线突破训练过程中，当前锋队员在限制区两侧 30°以下位置接球时，防守者应该卡堵其底线突破，抢防底线突破的位置，让对方不能够从底线进行突破。对方一接球，靠近底线的一只脚在前，并先堵死底线一侧。对方如果从底线进行突破，应快速滑步并结合堵截步将对方堵在底线外。训练过程中要求防守队员做到迅速到位。先卡堵死底线，之后及时结合滑步与堵截步抢位堵底线。训练过程中注意防突破，还应该认真防守对方的下一个变化技术动作。

2. 防守无球队员训练的注意事项

（1）防守队员应该防止对手摆脱接球，同时做到人球兼顾，准确判断并掌握球的队员以及其他进攻队员在场上的变化，从而便于及时采取相应的措施。

（2）当进攻者积极移动接球时，防守队员应该注意抢占有利的防守位置以及对方的移动路线，防止对方的接球。

（3）防止对手的摆脱接球，不能够让对手在其有效攻击区与篮下 4~5 米的区域内轻松接到球，还应该主动积极地阻截对手的移动接球。

二、篮球运动高难技术训练

（一）持球突破的技术训练

1. 持球突破技术的训练方法

（1）有防守时的持球突破训练

如图 3-2 所示，⑤向圆顶斜插并接④的传球进行突破，△8边退边防。④传球后，到原⑤的队尾，依次连续练习。⑤进攻后去⑦的队尾，△8防守后则去⑥的队尾，接球者要主动迎上去，传球到位，突破时应该降低身体的重心，同时保护好球。

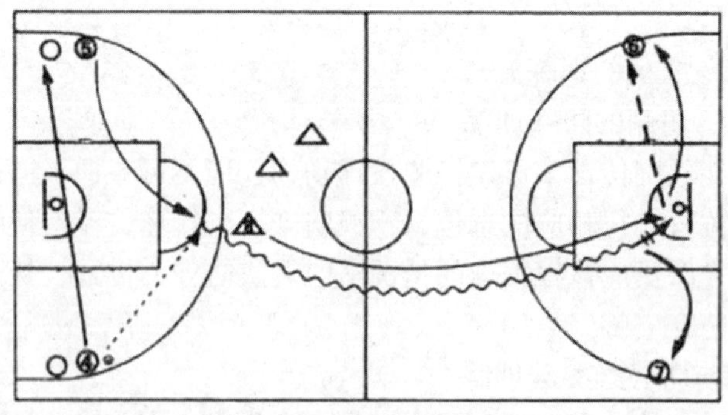

图 3-2　有防守时的持球突破训练

（2）无防守时的持球突破训练

①每人一球，进行原地持球交叉步与同侧步突破训练，通过该训练有助于练习者体会突破动作的技术要领以及身体各部位的协调配合。

②接球急停突破练习。两人为一组，无球队员向有球同伴示意接球方向，之后移动接球急停做交叉步或者同侧步突破，轮流进行。

2. 持球突破技术训练的注意事项

（1）训练过程中应该积极培养运动员的良好突破意识，提高其场上的观察判断能力，掌握合理的突破时机，从而不断提高持球突破的能力。

（2）训练过程中应该注意技术动作的正确规范，让运动员学会两脚都能做中枢脚，以及明确规则对技术动作的要求。

（3）训练过程中应该培养顽强的场上作风，敢于在贴身紧逼中运用突破技术。同时，还应该有针对性地培养灵活的突破技巧，使练习者逐渐学会利用位置差、时间差、节奏变化以及假动作等方式，更好地发挥突破的作用与威力。

（二）投篮的技术训练

1. 投篮技术的训练方法

（1）原地进行徒手模仿投篮技术动作训练，体会动作方法。

（2）原地徒手进行多种角度的投篮练习，体会瞄准方法。

（3）原地进行跳投模仿训练。

（4）原地徒手进行正面的定点投篮训练，投篮的手法要正确。

（5）两人为一组，相距 4~5 米进行对投训练。

2. 投篮技术训练的注意事项

（1）进行投篮训练时，练习者应该掌握正确的投篮技术动作，并在此基础上将投篮与摆脱防守、传球、接球、运球、突破、抢篮板球、脚步动作以及假动作等技术进行有机结合，从而培养篮球场上的应变能力。

（2）在战术背景下进行投篮训练，应该积极培养良好的配合意识，从而提高投篮技术的能力。

（3）练习者应该重视投篮时的心理训练，从而提升其投篮的命中率。通过比赛以及一些特殊的训练手段，提高自身的抗干扰能力，从而能够在一定的心理压力下达到较高的投篮命中率。

（三）抢进攻篮板球的技术训练

1. 抢进攻篮板球技术的训练方法

（1）原地连续双脚起跳或者前、后转身跨步连续起跳，同时用单手或者双手触篮板或篮圈 10~20 次。练习过程中应该注意动作的连贯性。

（2）两人为一组，一人向篮板或者篮圈抛球，另一人以面向持球人的基本姿势站立，准备抢球，之后转身跨步（上步）起跳用单手或者双手抢球。

（3）两人为一组，站位于篮下两侧，轮流跳起在空中用双手将球托过篮圈，碰板传给同伴。需要注意的是，必须在跳到最高点时托球，两人都做完一次为一组，连续托球 15~30 组。

2. 抢进攻篮板球技术训练的注意事项

（1）该训练应该在战术背景下进行，并将抢篮板球技术与战术结合起来进行训练。

（2）抢篮板球技术与其他技术结合起来进行训练，抢防守篮板球与传、运球突破技术相结合，抢进攻篮板球与补篮或二次进攻相结合进行训练。

（3）应该注重抢篮板球技术的实战训练，加强抢篮板球的对抗训练，抢防守篮板球应该先挡人后抢球，抢进攻篮板球应该先冲抢占据有利位置之后再抢球。

（四）防有球队员的技术训练

1. 防守有球队员的训练方法

（1）防投篮训练

①将队员分为两排，教练带领队员进行防投篮的模仿动作训练。

②2 人为一组。一攻一守，持球队员练习投突动作，防守队员练习干扰球与撤、滑步动作。

③半场一防一训练。在前锋位置上摆脱防守得球后一打一，防守队员训练在接近比赛情况下的一对一防守能力。

（2）“二防三”防传球训练

五人为一组，进攻队员成三角形站位相互传球，二人在中间进行防守，一个对持球队员进行防守，另一人一防二。一防二的人应该根据防持球人的防守站位与封球角度来选择一防二的防守策略。需要注意的是，防守队员应该正确选位，同时进行积极的场上移动。

2. 防守有球队员训练的注意事项

（1）防守者应该认真观察、判断持球者的真正意图，同时及时实施对应措施，让自己始终处于主动防守的局面。

（2）防守队员应该注意防守对方的直接突破。

（3）在对方传球之后，防守队员应该注意防对方的空切。当对方投篮后，应该挡对方抢篮板球，同时积极防守篮板球。

三、篮球运动员特长技术训练

一些出色的篮球球星都有自己标志性的特长技术，如“飞人”乔丹变化莫测的投篮技术、“大鲨鱼”奥尼尔的篮下强打技术以及库里的精准三分球技术等。这些特长技术往往是球星们接管比赛的关键，并且也是球星自身所独有的篮球风格。即便是球星特有的特长技术，在日常的训练中也需要充分练习，甚至每名球员都要有练习自己特长技术的内容和时间。运动学理论认为，人形成运动技能就是一种形成复杂的、连锁的、本体感受性的运动条件反射。这个理论说明了篮球运动员的特长技术不是天生自带的，也是需要周而复始、循序渐进的训练获得的。因此，教练员就要重视对球员特长技术的发掘和引导，然后选择恰当的训练方法，最终使运动员特长技术在比赛中达到“融会贯通”“运用自如”的程度。只有这样，才能让球员的特长技术在紧张激烈的竞赛中适时运用出来，进而为获得优异运动成绩奠定基础。为此，这里就重点对篮球运动员特长技术训练的理论方法进行研究。

（一）强化特长技术训练的意识观念

现代篮球的发展已经进入了很高的水平阶段，这一阶段的篮球竞赛发展一方面非常看重场上五名球员的配合，同时也对核心球员的能力有较高的要求，因为他们往往是决定比赛走向的球员。为了能够承担起带动全队的职责，核心球员除了要有扎实的基本功外，还要练就自身的特长技术，他们是球队的灵魂，比赛中也经常要把他们的特长技术发挥得淋漓尽致，使对手感到绝望。因此，为了练就出色的特长技术，首先就要形成强烈的练习意识，即球员要普遍要求自己练就一项或几项特长技术，实际上这不仅是对球星的要求，甚至每一名球员都要如此要求自己。

目前，篮球运动员培养自身的特长技术的依据是由篮球运动发展规律与发展趋势决定的。教练员在日常的训练中就需要向球员灌输培养自身特长技术的意识，然后要在这种意识的支配下开展有组织、有计划、有系统的特长技术训练，以便使其经过长期系统训练，练成能在日后紧张激烈的比赛中制胜的绝活。

（二）充分认识运动员的技术状况

篮球运动中每队的五名球员中的每一个都有他们特定的场上职责，当然这个所谓的职责并不是绝对固定的，如在必要时刻，后卫也要背身单打，而中锋也有可能运球过半场，等等。一般情况下，大前锋主要充当“蓝领”角色，经常要干如抢篮板和战术牵制等“脏活累活”；小前锋则活动积极，更多在进攻战术中充当终结进攻的角色。这样相比，对于小前锋而言，抢篮板、投篮、防守和传球等技术都是他的基本技术，其中以投篮技术最为重要。中锋是一支球队的中流砥柱，可谓是每支球队的“重型武器”，中锋除了在战术上起到牵制作用外，还要在篮下背身单打，争抢前后场的篮板球等工作。因此，这两项技术就成为衡量中锋水平的基本技术。而高水平中锋不仅可以做好上述两项工作，还可以给队友进行战术策应，甚至还可以拉到外线投篮得分，成为一种全能型的中锋。

为此，在训练运动员的特长技术前，教练员首先要对运动员的技术能力有较为全面的了解。技术状况反映了运动员的体能和心理能力，是教练员预测运动员特长技术发展潜能，确定发展运动员何种特长技术的基本依据之一。

（三）确立运动员特长技术的训练任务和重点

特长技术的练成不是一朝一夕之事，它需要有一个长期的过程和坚定的目标。此外，还需要在训练计划中对特长技术的训练做出合理规划，明确各训练阶段中特长技术练习的任务与程度。

在基础训练阶段中，对于运动员特长技术训练的主要任务是观察运动员常规技术的学习情况，并且尝试发现这些技术中有哪些技术被运动员掌握得格外好，为日后对特长技术的发掘奠定基础。在这个阶段中，除了要观察运动员的技术能力，还要观察他们的心理素质，因为心理素质的好坏能够很大程度上决定某些特长技术的发挥效果。总的来讲，基础训练阶段中的特长技术训练任务主要为尝试性地找出适合运动员发展的体能和心理特点的特长技术。例如，在培养快速突破技术时需要观察球员的对场上每名球员移动预判的能力以及阅读比赛的能力如何；培养三分投手特长技术时需要观察球员的心理素质是否良好，等等。一旦认为运动员具有对某些特长技术的技术和心理能力之后，就可以在该特长技术予以重点培养。

在专项提高训练阶段中，对于运动员特长技术训练的主要任务是巩固和提高在基础训练阶段中确立的、初步形成的特长技术。此阶段的训练重点为对特长技术进行强化，并注重特长技术在实战中的运用时机与效果。例如，教练员要求运动员在比赛或教学赛中必须在某一种特定条件下使用特长技术。由此能够让运动员通过多次的，不论是成功还是失败的尝试，来提高运动员使用特长技术的能力。

（四）采用恰当方法训练特长技术

在特长技术训练中，正确地选择与运用训练方法和手段，可以起到事半功倍的效果。因此，教练员要努力地钻研训练方法与手段。

比如，形成和发展中锋勾手投篮特长技术，在学习阶段主要采用分解训练法，把勾手投篮技术分解为三个技术环节：接球、转身、投篮。分别练习单个动作，再串联起来形成完整动作。可以采用原地、行进、传接球和移动的各种训练手段进行勾手投篮训练。在技术达到一定熟练程度下，进一步采取变换训练法，变换训练的条件，增加或降低训练的难度，从而达到提高训练效果的目的。

再比如，训练和发展中锋低位要球和抢篮板的卡位特长技术，在基础阶段主要采用重复训练法，将卡位的基础技术完整地进行重复训练，目的是使中锋运动员卡位技术动作正确定型。当技术动作掌握到一定程度时，运用间歇训练法，给予运动员适宜的训练负荷（卡位的对抗阻力），并将对抗强度小的训练过程作为间歇，以此来提高运动员无论是进攻或是抢篮板的卡位能力。在技术动作达到自动化阶段，采用持续训练法，并加大训练的对抗强度，使运动员能够适应高强度的竞技比赛。

（五）实战中检验特长技术训练的效果

运动学的理论揭示了运动员运动技术掌握的过程，这对于特长技术的形成同样适用，其也要经历粗略掌握动作→改进与提高动作→动作的巩固→动作自动化等几个阶段。

在快节奏、高对抗的现代篮球比赛中，特长技术不单单是一个技术动作，还是技战术的一种混合体，它受特长技术运用的意识、运用的机会、运用的条件制约。如此就使得在一般的训练中无法良好检验特长技术的使用程度，唯有在实战中才可以。特长技术训练达到一定程度时，教练员要创设实战的环境和条件，比如采用比赛训练法，使运动员在近似、模拟或真实、严格的比赛条件下训练，检验运动员在实战环境中运用特长技术所达到的程度。

通过实战来检验特长技术训练效果的目的，在于检查评定运动员特长技术存在的问题，以便随后进行有针对性的完善。因此，一方面要在年度训练和多年训练过程中，有计划、系统地安排具有检查评定性质的实战训练；另一方面，要确立检查评定特长技术的指标和标准，以便对运动员的特长技术训练效果进行系统、全面和科学的评定。

第四章　现代篮球运动的基本战术及训练

众所周知，篮球运动是一项激烈的运动，它要求参与篮球运动的运动员必须掌握精湛的篮球技术，除此之外其还需要掌握各种篮球战术，这样他们才能够在篮球竞赛中充分地运用这些技术以及战术，更好地为队伍争光。在实际的篮球竞赛中，战术的运用对比赛的结果影响很大，因而应该重视对篮球战术的训练，使运动员可以掌握科学的篮球战术训练方法等。本章首先分析了篮球运动的基本战术，接着详细地论述了篮球运动战术的训练方法等相关的内容。

第一节　篮球运动的基本战术

一、进攻和防守基本战术

（一）进攻基本战术

进攻基本战术配合是两名或三名进攻队员为了达到在局部地区以多打少，创造有利时机，避开防守队员制约的简单战术配合方法。

1. 进攻的局部战术

（1）传切配合

传切配合是进攻队员之间运用传球和切入技术，在篮下接到球后直接投篮的配合方式。传切配合按切入的方式可分为传切、背切和反跑三种形式。运用传切配合时，队员要注意先拉空篮下位置。切入队员看准时机用假动作摆脱对手，迅速侧身切入，传球队员应利用瞄篮、突破等动作来牵制和吸引防守队员，及时、准确地传给切入队员。

（2）掩护配合

掩护配合就是指在篮球的进攻中，同一个队伍的队员利用一些合情合理的动作来挡住那些针对自己一个队伍成员的移动路线，使同伴借此摆脱防守队员或直接为其创造投篮机会的配合方式。根据不同的掩护位置、目的和形式，掩护配合可以分为前掩护、后掩护、侧掩护、双掩护、反掩护、假掩护、交叉掩护等。

（3）策应配合

策应配合是指处于内线的队员背对或侧对球篮接球，由他做枢纽，与外线队员的空切相配合而形成的一种里应外合的方法。策应是优秀中锋的必备技能。策应配合要求策应队员要有很好的传球意识，能为队友传出好球。此外，策应队员还应具备一定的中投能力和外围突破能力，以有效地牵制对方防守队员。

需要强调的是，策应队员背对或侧对球篮站立并持球，用假动作积极吸引对方防守队员，注意观察场上情况并及时、准确地将球传给切入的同伴。

（4）突分配合

突分配合是指持球队员突破时吸引对方其他防守队员过来防守，随即将球传给过来协防或补防队员所防的同伴的配合方式。球队可用突破分球的战术配合来吸引协防或补防队员，打乱对方的防守策略，还能为己方队员创造最佳的进攻投篮机会。

2. 进攻的全体战术

（1）快攻

快攻是迅速由防守转入进攻，争取造成人数上的优势或趁对方防守阵脚未稳时发动进攻，是快速、有效的得分方式之一。快攻主要在抢获后场篮板球时、抢断球后、掷界外球时或跳球获球后发动，其主要形式可分为长传快攻、短传快攻和运、传相结合的快攻。球员需要把握由守转攻的速度和快攻的时机，快速完成进攻。

（2）阵地进攻

阵地进攻战术由多种战术和方法组成，是比赛中运用最多的战术，多在进攻队员正常落位的情况下进行，参与的人数较多。球队可以根据自己的优势攻其守方的不足，组织阵地进攻的时间较充裕，其所包含的技术、战术内容也较为丰富。良好的技术和灵活的应变能力是有效实施阵地进攻的先决条件。

（二）防守基本战术

防守基本战术是指为了达到破坏进攻队员配合的目的或当队友的防守出现漏洞时，2~3 名防守队员相互协同行动的战术配合方法。

1. 防守的局部战术

（1）夹击配合

夹击配合是两个防守队员利用有利的区域和时机封堵持球队员的传球路线，造成持球队员传球失误或受威胁的一种协同防卫的配合方法。

（2）关门配合

关门配合是临近的两个队员协同防守突破队员的配合方式。在防守队员积极堵截持球队员突破路线的同时，临近突破一侧的防守队员要及时、快速地向同伴靠拢，进行关门配合。

（3）挤过、穿过、绕过

挤过、穿过、绕过常用于人盯人防守。

①防守队员通过挤靠自己所防的对手，从同一通道过去称为挤过。

②防守队员从掩护队员和防守掩护队员之间通过来继续防自己的对手称为穿过。

③防守队员从掩护队员和防守掩护队员的身后通过来继续防守自己的对手称为绕过。

④防守队员与同伴交换各自的对手称为交换防守。需要强调的是，队员要配合默契，给同伴预留通过的路径。

（4）换人防守

换人防守是防守队员之间交换各自防守队员的一种防守方式，是破掩护战术最好的防守方法。需要强调的是，换人防守应注意队友间的呼应和交换的时机，若交换后会让进攻方有“以大打小”或“以小突大”等劣势时，建议采用“挤、穿、绕”的防守方式。

2. 防守的全体战术

（1）半场防守

半场防守又称阵地防守，其常用的防守战术有半场紧逼防守、半场区域联防（包括 1—2—2 阵型、1—3—1 阵型、2—1—2 阵型、2—3 阵型和 3—2 阵型）、半场缩小防守等，不同的防守战术的选用取决于比赛所剩时间、进攻时间、得分及场上局势。

（2）全场防守

全场防守是根据比赛的具体情况和球队特点选择合适的防守阵型的战术。常见的全场防守战术有全场人盯人（紧逼、松动）防守、全场区域紧逼防守（包括 1—2—2 阵型、1—2—1—1 阵型、1—3—1 阵型、2—2—1 阵型、2—1—2 阵型）、3/4 场紧逼防守等。紧逼防守的效果取决于个人防守的质量、全队快速轮转换位的时机与默契程度，突然间变换防守阵型有时可有奇效。

二、快攻战术

快攻是一种出其不意的进攻战术，它的应用也比较广泛，而且可以达到比较好的进攻效果。它通常就是指篮球运动员准备由防守的状态转为进攻的状态时所采取的一种快速、短时的进攻优势，或者运动员抓住时机，趁对方运动员还没有充分防备的情况下进行快速进攻。

（一）快攻的类型

1. 长传快攻

长传快攻指队员在后场获球后立即将球传给迅速摆脱对方进行偷袭的同伴的一种配合。它是由一两个进攻队员利用自己奔跑的速度和同伴长传球的速度超越防守来完成的。

2. 短传快攻

短传快攻指队员在防守中获球后，立即以快速的奔跑和短促的传接球逼近对方篮下进行攻篮的一种配合。短传快攻虽然在速度上比长传快攻慢，参加的人数多，但比长传快攻配合灵活而且变化多。

3. 运球突破快攻

在防守中获球后，在不便于传球的情况下，应快速运球推进，创造或寻找配合机会，以提高快攻的速度和威力。这是一种个人攻击在快攻中的积极行动，在推进时运球和传球要密切配合，注意防止盲目的个人运球，以免影响快攻战术的质量。

（二）快攻的组织结构

快攻是由发动与接应阶段、推进阶段和结束阶段组成的。

（三）运用快攻的时机

（1）抢到防守篮板球发动快攻，当进攻队投篮或罚球不中时，防守队抢到篮板球后发动快攻。

（2）掷后场界外球快攻：当对方违例、失误或投中，罚中后要利用掷后场端线，边线球的机会发动快攻。

（3）抢到或断到球发动快攻：抢到或断到进攻队的球后应立即发动快攻。

（4）中、后场跳球快攻：利用上、下半场开局时的跳球和争球时的跳球获球后发动快攻。

（四）快攻的训练策略

（1）抢篮板球后发动快攻与接应的练习。

①让队员熟练接应第一传跑动路线的练习。

②提高快攻配合意识的练习。

③培养队员在移动中抢篮板球和机动接应的快攻配合练习。

④提高在防守情况下第一传与接应的快攻配合。

⑤加长一传距离与接应的配合。

（2）掷后场界外球的发动快攻与接应的练习。

①加强从边线发球快攻的意识。

②加强从端线发球快攻的意识。

（3）断球后发动与接应的练习，这种快攻经常使对方来不及防守，从而提高反击成功率。

（4）跳球时发动与接应的练习，跳球时的发动与接应取决于队员与其他队员配合的默契度。

（5）快攻配合推进阶段的练习。

①两人交叉跑推进练习。

②运球推进中结合传球练习。

（6）三人交叉推进配合。

（7）快攻配合结束阶段的练习，在快攻结束配合中，队员要保持冷静的头脑机智果断地做出传球或投篮的决定，既不要操之过急，又不要错失良机。投篮后必须跟进抢篮板球，作继续攻篮的准备。

①二攻一、三攻二的练习。

②二攻二守的练习。

③三攻三守的练习。

④四守三攻的反攻练习。

三、防守快攻战术

在篮球运动的防守战术中，防守快攻就是一种十分重要的战术，能够发挥比较好的防守效果。防守快攻这项战术的运用需要一个前提基础，那就是球员要积极地拼抢前场的篮板球，如果运动员自己没有抢到篮板球，而对方的球员抢到了篮板球，这个时候运动员就应该想尽一切法办法来堵截第一传的发动以及接应，并尽力地切断他们队员之间的交流，从而以较快的速度组织阵地，进行相应的防守。

（一）防守快攻的方法

第一，在防守快攻这种篮球运动战术的运用中，人们需要掌握两个重要的点，一个就是要不断地提升篮球进攻动作的成功率，另一个就是要能够在比赛中快速地拼抢篮板球。

第二，当发现对方想要发动快攻时，篮球运动员就应该想方设法地阻止对方的快攻行动，其制止的关键动作就是要堵截快攻的第一传和接应球员。

第三，一定要积极地防守那些快从赛场中下去的球员，这也环节也很重要，需要引起重视。

第四，要不断地提升篮球运动员“以少防多”的能力，这样才可以使球员发挥最大的价值。

（二）防守快攻的训练策略

（1）三对三堵截快攻发动与接应的练习，加强拼抢篮板球和堵截快攻发动的意识。

（2）三对三夹击第一传接应的练习。

（3）防长传快攻的练习。

（4）半场一防二的练习，全场一防二的练习，目的是培养防守者积极移动和运用假动作的能力。

（5）半场二防三的练习，目的是提高相互补位的协同配合能力。

（6）全场二防三的练习，目的是提高行进间以少防多的判断能力。

（7）全场三对三，五对五的练习，目的是提高掌握攻守转化速度的能力。

四、半场人盯人防守战术

半场人盯人防守战术是在篮球比赛中由进攻转入防守时全队有组织地迅速退回后场，在半场范围内进行盯人防守的一种全队战术，这是篮球运动中各种防守战术的基础。半场人盯人防守战术是以个人防守为基础，综合运用挤过、穿过、换防、关门、夹击等防守基础配合所组成的全队战术。

第一，半场人盯人防守的原则就是要做到“以人为主人球兼顾”，即要求在篮球运动中一定要注重控制对手，从而使防守更加高效、有针对性。

第二，要十分重视对持篮球运动员的防守，这个十分关键的环节，尤其当持球的篮球队员已经处于近篮的范围时，更要注重防守环节，一定要运用科学有效的方法来控制对手投篮，从而取得一定的突破。

第三，球员在防守那些手中并没有篮球的球员时也要遵循相应的原则，即

“球—我—他”的原则。也就是说，球员需要根据对方篮球运动员的位置来调整自身的位置，从而找到最适合的防守位置。

五、进攻半场人盯人防守战术

（一）进攻半场人盯人防守的基本要求

第一，篮球运动员一定要提前做好准备，同时调整情绪，使自己做到沉着冷静。

第二，在篮球场中，运动员一定要保持好队形，同一个队伍的运动员之间需要留出一定的距离，这样就可以使防区变得很大，也有利于在较大的范围内击破对方的进攻。

第三，在进攻的时候，双方都需要根据实际的情况选择进攻的方式，一定要发挥自身的优势，尽量地避免凸显劣势。在具体的运动过程中，控球的篮球运动员一定不能着急地去处理手中的篮球，而是要与队员进行密切的战术配合，从而寻找更加有力的时机。

（二）进攻人盯人防守的练习与提高

第一，从理论上进行分析，篮球运动员应该首先充分地学习和了解人盯人防守所具备的特点以及遵循的原则，之后再进一步学习和了解人盯人防守的运用要求。

第二，在训练实践中，教练应该先向队员讲授进攻半场松动人盯人的战术配合，然后让球员在理解理论的基础之上开始进行训练，并逐步加大训练的难度。

第三，在具体的篮球训练中，可以让运动员先在没有篮球的情况下进行练习，然后再根据防守者的移动路线以及变化等进行相应的训练，从而不断地提升进攻的层次性。随着进攻者的能力变得越来越强，这个时候防守者就应该逐步地增加防守的难度。当训练完成之后，就可以到真实的篮球比赛中来检验训练的实际效果。

六、全场紧逼人盯人防守战术

全场紧逼人盯人防守战术是由攻转守时每个队员立即看守住邻近的对手，并在全场范围内紧紧盯住对手，以个人积极的防守和全队的协同配合，破坏对方进攻，从而达到转守为攻目的的一种攻击性、破坏性很强的防御战术。这种战术防守移动面宽，争夺激烈、速度快、强度大、配合意识要求高，能充分发挥队员的特长和有效地制约对方活动，打乱对方部署和习惯打法，造成对方心理紧张和技术失误，从而取得竞赛的主动权。因此，它在现代高水平篮球比赛中被视为一种杀伤力最强、谋略性运用效果较好的篮球防守战术体系。

（一）全场紧逼人盯人防守战术的运用时机

（1）突然改变战术，出其不意、攻其不备，已达到扩大战果或挽回败局时运用。

（2）身材矮小但速度快、灵活性较好的队与身材高大的队比赛，为摆脱篮下被动的局面时运用。

（3）对方中投准、控制球的能力和突破能力较差且不善于进攻时运用。

（4）对方体力较差，为消耗对方体力时运用。

（二）全场紧逼人盯人防守战术的基本要求

（1）统一思想，统一行动，积极主动，加强协作。

（2）由攻转守时要迅速就近找人抢占有利的防守位置，紧逼自己的对手，同时注意场上情况，及时协防。

（3）防守无球队员时，以控制对手接球为主，要及时抢占有利的防守位置和距离，迫使对手向远离球的方向移动；当同伴被突破时，要果断地进行堵截和补防。

（4）防守运球的队员，首先不让对方突破，若被对方突破，也要尽量做到搭中放边，迫使对手沿边线运球并在边、角停球，制造夹击机会。防掩护配合时，力争抢过和穿过防守，尽量减少交换防守。

（5）要设法诱使对手长传或高吊球，制造抢断球机会。

（6）每个队员要抢占有利的位置紧逼自己的对手，人球兼顾，积极阻挠对手移动、接球、运球、投篮等进攻行动，严密控制，使对手被动或造成失误、违例。

（7）全队要相互呼应，前后、左右照应，充分利用堵截、夹击、换防、补防等配合及时破坏对方的进攻配合，要做到近球紧逼、远球稍松。

（三）在攻防转换过程中开始进行的全场紧逼

通常在攻防转换的过程中开始进行的全场紧逼有下述两种情况。

（1）在攻进一球或球出界后让每名球员盯住自己的人。

（2）在被抢到篮板、被抢断或在攻防转换中失误后，每名防守球员只要就近防守对方球员，而不是试图跑开去盯防先前指定要盯的球员。任何错位的发生通常都是出于立即进行紧逼和防止快攻。如果进攻推进到半场，防守球员回防时可以在适当的时候换位。

七、进攻全场紧逼人盯人战术

进攻全场紧逼人盯人战术就是根据全场紧逼人盯人防守的特点，以进攻半场人盯人防守配合为基础，扩大到全场范围内，运用运球突破等个人技术和传切、掩护、策应等几个人之间的配合所组成的一种全队战术。为了能有效地进攻全场紧逼人盯人防守，首先要对这种防守战术的特点和规律有充分的了解和认识，并能针对这种防守战术的队员分散、个人防守区域大、不便于协防等弱点，结合本队的情况组织全队进行进攻配合。在转攻时要争取在对方未构成集体防守布局时就迅速发动攻击。要迅速摆脱防守，利用传切、突分、掩护、策应等进攻基础配合来瓦解对方士气，争取进攻的主动权。

（一）进攻全场紧逼人盯人防守的基本要求

第一，在篮球赛场上，当篮球运动员发现对方准备在赛场上使用全场紧逼人盯人防守这种战术时，其一定要积极地调整自身的心态，不要太过于紧张或者焦躁，一定要保持情绪稳定，同时要冷静地采取相应的战术，这样才能够高效地应对对方的战术变化。

第二，当看到球过来时，运动员不要畏惧或者害怕，一定要积极主动地向前方过去接住篮球，同时在接球的过程中运动员要调整好自己的身体，尽量不要使自己的身体失去平衡，从而为下一次接球做好准备。在传球的过程中，篮球运动员尽量要使用短传，提升传递的效率，避免出现横向传球的现象，否则就会降低传球的效率。

（二）进攻全场紧逼盯人的策略

（1）固定战术配合：进攻全场紧逼盯人时，由发界外球开始，就要组织固定配合发动进攻，为接应一传创造有利的条件，较容易造成直接得分。

（2）两侧同时掩护进攻配合。

（3）运球突破进攻：这是进攻紧逼盯人的一种个人战术行动，在比赛中正确、合理地运用这种战术能有效地压缩防区，及时突破防守，打乱其防守阵形，再局部形成以多打少的局面，或造成直接得分的机会。

（4）掩护进攻配合：当进攻队难以用迅速突破或传切配合的方式摆脱防守时应有组织地运用掩护配合，借以摆脱防守，从而达到进攻的目的。

（5）策应配合进攻：当持球队员推进到中场附近不能再继续向篮下移动时，中锋或临近中线或罚球线的队员应主动移动做策应配合。

八、区域联防战术

顾名思义，区域联防就是联合防守之意。它分为站位联防和对位联防，如果与盯人结合，还可以变化成混防（混合防守），联防与盯人的最大不同就是盯人以防人为最终目的，而联防则以防球为最终目的。把区域联防和人盯人防守两种战术融为一体，比人盯人防守更具有集体性，区域联防防守更具有针对性。

（一）区域联防的站位阵型

依据防守队员的站位形式，通常将区域联防分为 2—1—2 联防、2—3 联防、3—2 联防、1—3—1 联防及对位联防等几种。其中 2—1—2 联防是最基本的区域联防。

（二）区域联防的基本要求

（1）根据区域联防的形式和队员、对手的特点等合理分配防守区域，最大限度地发挥队员在各自防区的作用。

（2）由攻转守时，除积极阻止对方的攻势外，应有组织地快速退守和及早落实防守位置。

（3）每个队员必须认真负责各自的防守区域，积极阻挠进入该防区的进攻队员的行动，并根据球的方位调整队形进行联合防守。

（4）对有球队员应按盯人方法紧逼防守，其余防守队员应积极移动，调整队形进行协防或补防，做到人球兼顾。

（5）对无球队员的穿插移动要根据其离球的远近和队友的位置积极抢位、堵截和护送，并及时与队友呼应联系，不让对手向有威胁的区域移动或接球。远离球的防守队员应起指挥作用。

（6）进攻队员投篮后，每个防守队员都应积极堵位和抢位，有组织地争抢篮板球并及时发动快攻。

九、进攻区域联防战术

进攻区域联防是针对区域联防的特点、阵型和变化所采用的进攻方法，是篮球进攻战术系统中的重要组成部分。

（一）进攻区域联防的阵型

进攻区域联防的阵型是指针对区域联防的阵型而采用相应的进攻阵型。确定阵型的原则是根据进攻的点、面，合理部署队员占据联防的薄弱地区，避免与防守队员形成一对一的站位，在局部区域形成以多打少的优势，并始终保持攻守平衡。进攻区域联防常用的落位阵形有“1—2—2”阵型、“1—3—1”阵型、“2—1—2”阵型、“2—3”阵型等。

（二）进攻区域联防的基本要求

（1）多组织快攻。

（2）根据区域联防的阵型，有针对性地落位，重点攻击薄弱区域。

（3）通过多传球、快传球、突破分球等打乱防守队型，寻找战机。

（4）多运用中远距离的投篮逼其扩大防守范围，争取篮下空间。

（5）积极组织前场篮板球争取二次进攻机会，并注意保持攻守平衡，及时退守。

（三）进攻区域联防的训练策略

（1）理论上先明确进攻区域联防的基本原则和要求。

（2）重点选择“1—3—1”落位阵型进行进攻。

（3）根据防守的阵型和彼我双方队员的具体特点确定进攻战术方法和队员位置分工。

（4）结合区域联防进行进攻练习，注意逐渐提高防守的难度。

（5）结合快攻受阻转为阵地进攻时练习攻防。

（6）在比赛中检验提高成效。

第二节　篮球运动战术的训练方法

一、篮球运动基本战术训练方法设计

坚持训练是篮球运动员具备较强的技术能力和战术能力并不断提高这两方面能力的重中之重，训练方法有无达到科学性、合理性的要求对最终的训练效果有决定性作用。由此可知，选用科学的训练方法对篮球运动员提高自身的战

术水平有很大的提升作用。

（一）进攻战术训练方法设计

1. 进攻基础配合训练方法

（1）传切配合训练

①二人传切练习

如图 4-1 所示，④传球给⑤后完成朝左侧切入的假动作，在此基础上转换方向朝着右侧切入，⑤接球后回传给④的下一位队员，同时高质量完成朝底线切入的假动作，随后转变方向朝左侧横切。④切入后至⑤队尾，⑤至④队尾。根据先后顺序完成练习，以最快的速度完成变向切入动作，切入时应当侧身看球。

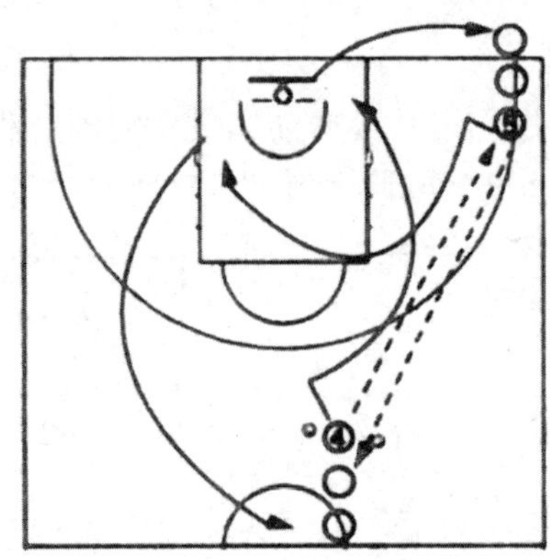

图 4-1　二人传切练习

②三人传切练习

如图 4-2 所示，④与⑤各持一球，④传球给⑥后从右侧切入接⑤传球投篮。⑤传球给④后，横切接⑥传球投篮。④、⑤投篮后自抢篮板球传给本组的另一人。根据顺时针方向变换位置，不间断地完成练习。

（2）突分配合训练

第一，如图 4-3（a）所示，开始时④持球突破，在突破中跳起分球给向两侧移动的⑦，⑦在接球后做投篮动作，然后传球给⑤，⑤接球后从底线或内侧突破，跳起传球给接应的⑧。位置交换，④到⑦队尾，⑦到④队尾。篮球运动员应当以较快的速度完成突破，采取多种措施保护球，承担接应分球任务的篮球运动员应当在最有利的时间段内移动。

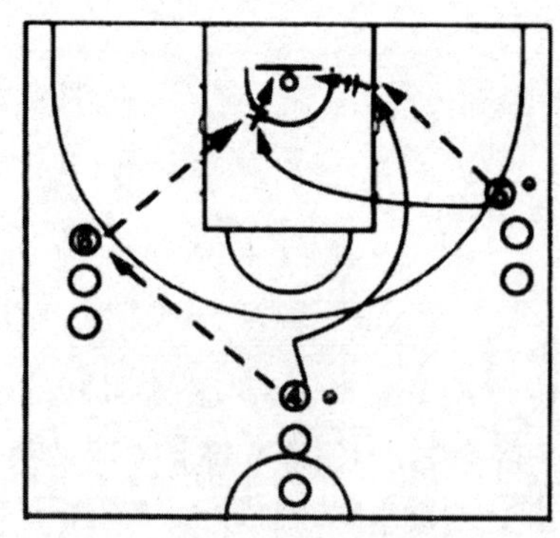

图 4-2　三人传切练习

第二，如图 4-3（b）所示，⊗传球给④，④接传球后向篮下运球突破，当遇到△5补防时，将球分给移向空位的⑤，⑤接球投篮。△4、△5抢篮板球回传给⊗。④的摆脱动作应当在接球前完成，突破过程中确保球始终处于安全状态，⑤应当在最恰当的时间段内出其不意地移动到空隙位置接应。

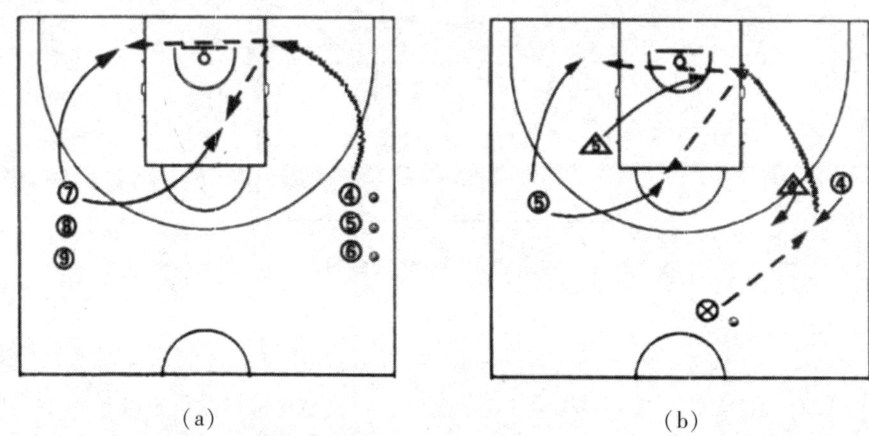

（a）　　（b）

图 4-3　突分配合训练

（3）掩护配合训练

第一，如图 4-4 所示，⑥传球给④，然后去给④做侧掩护，④利用掩护运球切入时，△6换防△4，④可将球传给转身跟进的⑥投篮。

图 4-4　掩护配合训练（一）

第二，如图 4-5 所示，站在④身前的位置扮演好防守者的角色，⑥传球给⑤后，去给④做侧掩护，④先向左前方下压，高质量地完成朝左侧突破的假动作，当⑥完成各项掩护动作以后，应当出其不意地变向加速朝右侧切入接⑤的传球投篮。⑥应当在最佳时机转身跟进抢篮板球。篮球运动员应当根据顺时针方向变换位置，按照先后顺序完成相关练习。

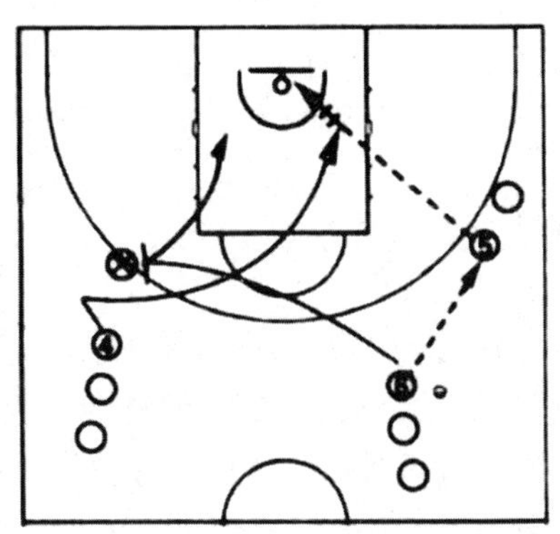

图 4-5　掩护配合训练（二）

（4）策应配合训练

第一，如图 4-6（a）所示，参照特定标准把练习者划分成三个小组，指导练习者按照逆时针防线传球，直至传球后跑到下一组队尾落位。

第二，如图 4-6（b）所示，⑥传球给⑤，⑤回传并上提做弧线跑动要球，⑥传球给插上策应的④，然后切入篮下接④的传球上篮。三人轮转换位。

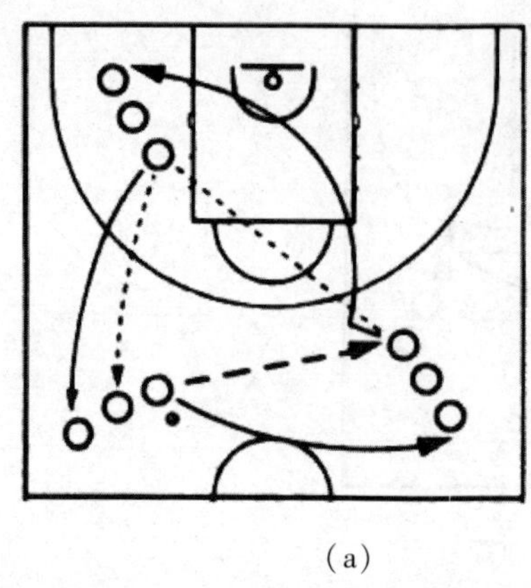

(a)

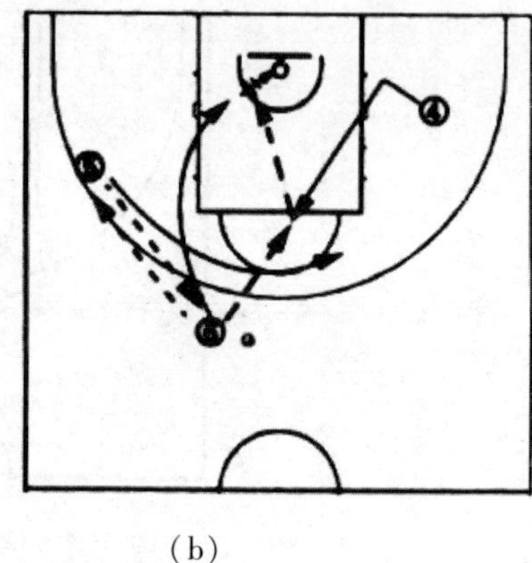

(b)

图 4-6 策应配合训练

2. 进攻人盯人防守战术训练方法

(1) 传切练习

将篮球运动员划分成两个小组，严格按照从排头至排尾的顺序进行。完成每组练习以后，练习者应当自觉排到另外一组后面。

(2) 半场一对一摆脱接球训练

每两个人划分成一组，先让一组队员练习，练习次数达到一定标准后，另外一组开始训练。

(3) 半场五对五攻守练习

每五个人组成一个小组，两个小组先完成练习。负责进攻的那个小组应当遵循事先设定好的配合方法练习，先对进攻练习以及各类机会形成清晰的认识。负责防守的小组应当高质量地完成盯人的任务，起初消极一点影响不大，但必须紧跟对手跑动。练习时间较长后建议篮球教练员换另外两组训练。

(4) 全场五对五攻守练习

每五个人组成一个小组，先安排两个组练习。全场进行五对五练习时不仅要和快攻反击密切联系在一起，还要把全场进攻和半场进攻密切联系在一起，深刻认识进攻衔接训练的重要性，促使进攻的组织速度得到大幅度提升。

3. 进攻区域联防战术训练方法

(1) 半场四对四练习

每四名练习者为一组，教练员先安排两组学生练习。防守站成“2—2”的联防阵势，进攻站成“1—2—1”阵势。承担进攻职责的小组应当以最快速度传球调动防守，从而获得投篮机会，或者凭借穿插移动增加一侧防守的压力与难度，由此获得以多打少的投篮机会。一般情况下，防守能够从消极防守逐步转换成积极防守。

（2）半场五对五练习

每五名练习者为一组。在参与练习时，防守应当站成“2—1—2”的联防阵形，进攻站成“1—3—1”的阵形。作为承担进攻职责的小组应当通过传球、穿插、突破、策应四种方式来获取内外线攻击投篮机会，承担防守职责的小组应当从消极防守逐步过渡到积极防守。

（二）防守战术训练方法设计

1. 防守基础配合训练方法

（1）挤过配合训练

如图 4–7 所示，④去给⑤做掩护，当④接近⑤时，同时⑤准备移动，△5要及时向前跨一步靠近⑤，并在⑤与④之间侧身挤过继续防守⑤。⑤去给⑥做掩护，△6按△5同样的动作挤过。按照先后顺序分别完成循环练习，在此基础上进行攻守互换。

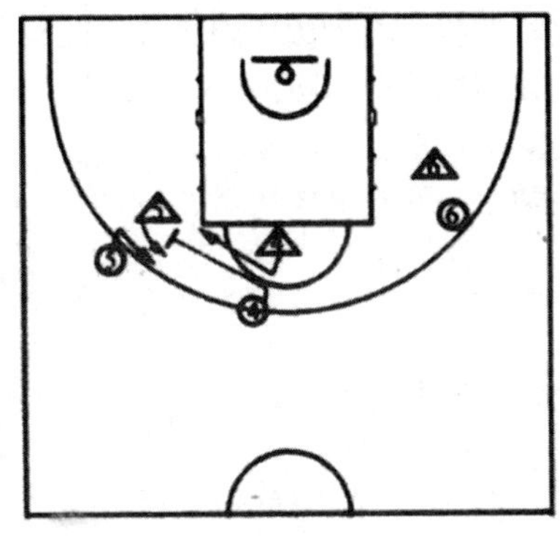

图 4–7　挤过配合训练

（2）“关门”配合训练

如图 4–8 所示，④⑤⑥在外围相互传球，寻找机会从△4与△5或△5与△6之间突破。△4、△5、△6不单单要防住自己的对手，还应当对同伴“关门”产生辅助作用，促使对手突破篮下的想法落空。面对进攻者突破失败把球传出的情况，负责“关门”的篮球运动员应当用最短时间还原，由此有效防住对手。

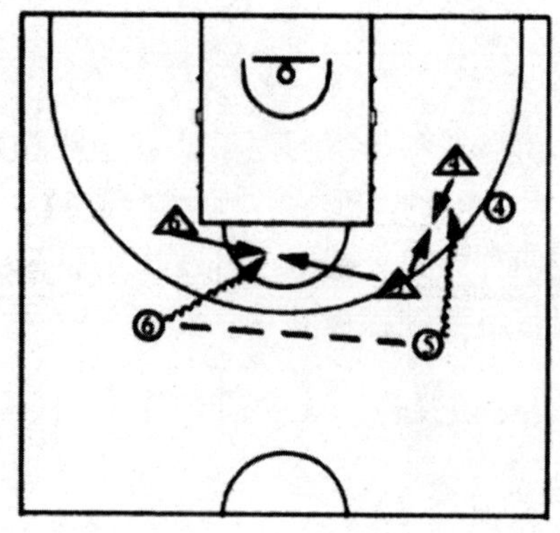

图 4–8　“关门”配合训练

2. 人盯人防守战术训练方法

（1）半场人盯人防守战术训练

①提高脚步动作的灵活性和个人防守技术训练

以不同类型的脚步动作练习为开端，逐步过渡到半场或全场一对一攻守对抗练习，对抗过程中应当设法加快个人脚步移动速度，促使自身一对一紧逼抢的能力有所增强，篮球教练应当大力培养抢前防无球队员的接球能力与切入能力。

②半场二对二练习

进攻者指掷端线界外球，两名防守队员共同或者分别紧逼对应的对手，使得防守者难以接球或发球；或者两名防守队员对接应者进行夹击，尽最大可能断球或者造成对方违规。

（2）全场紧逼人盯人防守战术训练

①全场运球一防一

这项训练方法的具体要求是：堵中放边，防强手，放弱手，自始至终都和对手在短于一臂的距离之内。

②全场二防二

封堵掷界外球队员应当对接应队员形成步步紧逼的形势，从而使篮球运动员的转换速度得到大幅度提升。

③全场五对五教学比赛

当进攻队员投中之后应当用最快速度实施全场紧逼策略，其他情况建议采取半场扩大紧逼防守的措施。

3. 区域联防战术训练方法

（1）随球移动选位练习

①随外围球的转移进行移动选位

五个人采取联防形式防守，外围由四名运动员实施传球、接球进攻。防守队员应当结合球的实际位置来移动，设法将防守位置调整到最佳状态。在传球过程中，推荐运动员遵循从慢到快的节奏，确定防守员选择好最佳位置后再开始传球。

②根据外围球的转移方向和内线队员的穿插进行移动选位

教练分别安排五名篮球运动员进行防守和进攻。防守队员应当结合球移动，同时参照内线队员的活动移动，此外共同实施协同防守。在训练的初始阶段，外围队员负责传球，中锋在内线穿插，随后在恰当时间段内把球传给中锋，中锋接到球以后传出去，促使防守队员的伸缩移动能力获得有效培养，确保防守队员深刻体会到篮下的防守手段。

（2）局部防守配合练习

①堵截护送盯人练习

进攻队两名队员在篮下来回溜底，两名防守队员采取盯人手段来回跟踪防守。进攻队应当把内线插动与背插充分融合在一起，由此使整支队伍的防守移动速度以及补防能力都有所增强。

②盯人与补位配合练习

进攻队员溜底或斜插时，正处在这个区域的防守队员跟踪，进攻队员朝这个区域移动时相邻区域的防守队员应当快速部位。在训练过程中，教练可以采取三对三、两侧重复训练的方式。

二、篮球运动中战术训练方法的提升策略

（一）加强篮球战术意识的培养

良好的篮球战术意识是学生能理解篮球战术意图并严格篮球执行战术的前提。教练要注重学生的篮球战术意识培养，为后续战术训练和实践打下扎实基础。具体措施如下：第一，教练要重视篮球专业知识教学，完善学生的篮球知识专业结构，加深学生对于篮球专业知识的理解，使学生能灵活运用所学的知识强化战术意识。篮球战术本质是篮球运动员之间思想的碰撞和博弈，篮球运动员需要从对面的战术配置、篮球比赛规则、篮球技术组合等相关信息中找到思维的突破口，从而根据比赛的实际状况制定对应的战术，其成效很大程度上取决于运动员对于篮球专业知识的理解和规则的领悟能力。第二，篮球战术的执行并不是一成不变的，而是一个动态的过程。篮球赛场形势多变，对方队伍会根据我方打法特点调整战术策略，此时学生就需要拥有敏锐的赛场观察能力，能够察觉赛场形式和对方战术变化，及时反应过来，并做出相应的判断，向裁判请示暂停，根据对方的战术意图及时调整我方整体战术规划。教练要锻

炼学生的思维观察能力，强化学生的判断和反应能力，提升学生对于赛场形式变化和战术策略调整的敏感度，从而使学生能在赛场上做出正确的判断。第三，战术意识的形成和发挥需要依靠冷静的头脑和良好的情绪支持，一旦学生在赛场上心态出现问题，无论多么优秀的战术都无法被贯彻执行。教练要加强与学生的沟通交流，为学生提供心理辅导，把握学生的心理状态，培养学生沉着冷静、顽强拼搏、百折不挠的品质，为学生塑造正确的篮球竞技观。

（二）优化篮球战术的训练步骤

教练要优化战术训练步骤，使学生的战术训练内容更加完善，提升篮球训练教学的系统性和科学性。篮球战术训练大体可分为战术制定、战术要点讲解、战术模拟以及实战演练。下面以篮球进攻战术训练为例，首先，教练需要根据学生的个性特点和进攻专长为学生制定科学合理的个人战术，并按照当前队伍的具体配置将个人战术融入团队战术之中，从而形成较为全面的整体进攻战术方案，在这过程中需要让学生理解个人战术的进攻方式以及整体进攻方案的战术意图，使得学生明白该进攻战术的具体原理。教练需要对不同的学生进行一对一的个人战术要点的教授和讲解，帮助学生解答战术的难点，使得学生能初步学会执行战术。其次，战术训练相比于篮球技术训练具有更高的难度，很容易受到对手干扰而使整体战术执行变得混乱。因此，从战术学习到战术实践需要一个模拟过渡的过程。教练可以让学生进行无防守战术训练，让学生能畅快淋漓地完成战术目的，增强学生对于战术训练信心，感受战术魅力，同时使学生在反复模拟训练中熟悉战术，形成肌肉记忆。最后，任何战术光是模拟训练是完全不够的，只有使学生能将训练的战术灵活熟练运用到赛场上，战术训练的目的才能真正实现。教练还可以根据学生的训练情况定期或不定期举办对抗赛，要求学生必须将长期训练的战术运用到比赛之中，观察学生的实际运用情况，及时发现问题并指导学生进行调整。

（三）创新篮球战术的训练方法

科学合理的战术训练方法可以有效提高学生的训练效率和质量，提高学生的训练积极性。教练要主动了解最新的篮球战术训练方法，参考职业篮球运动员的训练日常对现有的篮球战术训练方法进行创新。第一，分练和合练相结合训练法。教练按照分位对学生进行分组，对各组学生进行相应的战术讲解，使得学生对各自的战术具有一定初步理解。然后教练再安排学生进行局部分练，使得学生在篮球场上模拟训练各自的战术，并仔细观察学生的训练情况，实时矫正学生的战术动作。之后教练再安排学生进行合练，使得学生能将个人战术与团队配合有机结合，达到最佳的战术运用效果，加深队伍成员之间的默契。第二，情景联想法。情景联想法顾名思义就是通过想象不同的赛场情景，在脑海中模拟完成特定战术动作。这种训练方法较为新颖，也常被应用于其他运动项目如花样滑冰。滑冰运动员在训练场外需要时刻想象自身在滑冰场完成起跳动作，能有效克服在冰上跳跃所带来的恐惧。教练在对学生进行篮球训练时也可以借鉴这一方法，让学生在篮球场之外进行脑海模拟训练，加深大脑对于战术的记忆，提升学生对于战术的适应力。第三，多媒体教学。多媒体教学是目前最受学生欢迎的训练方法，它可以有效激发学生的学习兴趣，且适用于各个类型的学生。教练通过在数字媒体上展示 NBA、CBA 等职业篮球赛事，为学生讲解职业篮球队伍的篮球战术制定和执行情况，为学生树立优秀的学习模范，加深学生对于教学战术的理解。

第五章　现代篮球运动员的体能训练

伴随着篮球运动比赛规则在发生变化，现代篮球运动的竞技方式逐渐从对抗到综合方向发展，成为选手力量、速度、耐力、柔韧性等综合素质的全面竞争，这些对选手身体素质的要求越来越高。依据篮球运动的比赛特点，它是“准、灵、快、高”以及兼具对抗和技能的团体比赛。也就是说，打篮球不仅仅是一项技术类运动，更是一项十分需要体能的运动。换一句话说，体能对篮球员动员而言是最基础的要素。

第一节　篮球热身运动

热身是所有体育活动中一个最重要环节，它能有效地阻止运动伤害，降低受伤的风险。一次有效的热身包含很多重要的元素，这些组成元素共同作用才使得运动的损伤风险降到最低。热身需要在运动之前进行，它有很多的益处。首先，它可以使身心得到充分的准备，让肌肉更加放松和灵活。有效的热身能提高心跳次数，提高呼吸速度和深度，提高血流流量和血液氧气，使肌肉放松，帮助肌肉与关节去完成更多的训练。

一、热身运动的定义

热身运动又称准备运动，前者因生理反应而得名，后者则属一般性概念。热身是一项综合性运动，适当的热身运动对人体的健康有很大的帮助。最开始先进行较轻的运动，把身体打开，为之后高强度体育锻炼做准备，也可以提高之后运动的效果，保证身体的安全性，同时也能满足身体的生理和心理需要。在进行运动之前，人体的机能和工作效率都不可能在一开始就达到最好，因此需要做一些热身来调整自己的身体状态。

二、篮球运动员热身运动的方法

（一）一般性热身活动

一般性准备活动的目的是促使身体的温度升高和心率的加快，这也是在做准备活动时身体最基本的变化，所采用的方式为绕场慢跑、基本的球性练习以及伸展操等。一般性准备活动应将时间控制在 5～10 min，以达到加快血液循环、提高神经系统的兴奋性以及增加关节间的润滑性为宜。

（二）拉伸热身活动

在做拉伸准备活动时应注意先后顺序。首先应使全身的肌肉群得到很好的拉伸，通过拉伸不仅可以扩大身体某个部位的活动范围，还可以提高肌肉的协调性和柔韧性，为下一步做更难的篮球动作做准备。其次，还应注意身体拉伸的上下顺序，通常从躯干的核心部位开始，从上肢到下肢，从躯干到背腰肌。

（三）专项准备活动

最后阶段的准备活动应使队员由普通的热身运动逐步调整到临战状态。这一阶段的练习应以有球练习和多种跑跳结合的运动为主，常见的专项准备活动主要有跑篮、传接球加急停跳投、消极防守的单打练习以及罚球练习等。

三、篮球运动员热身运动的注意事项

（1）赛前的准备活动是非常重要的，应引起教练员和运动员足够的重视。

（2）准备活动的内容不应以比赛性质、比赛强度的不同而改变。

（3）专项准备活动的时间应比一般准备活动的时间长，准备活动的形式应多种多样。

（4）准备活动中的心理训练应贯穿比赛的始终。

（5）准备活动并没有固定的模式，应根据季节、现场的环境、时间等因素来决定。

随着现代篮球运动竞争的日益激烈，在比赛中除要求运动员全面掌握技术动作、战术能力以及良好的身心素质外，更重要的是培养运动员在高强度的比赛中临场所表现出来的调节能力和身心适应能力，而这一切在赛前的准备活动中都可以得到很好的锻炼。赛前进行准备活动的目的是在赛前状态的基础上，通过各种基本练习，使身体的各项生理功能达到适宜状态，克服身体内脏器官的惰性，增强协同作用的效果，旨在比赛中发挥出更高的运动水平，取得更好的运动成绩。

第二节　篮球力量素质训练和速度素质训练

一、篮球力量素质训练

力量素质是指肌肉在工作中克服阻力的能力，是篮球运动中最重要的素质。同时，加强力量素质的训练，还可以有效地预防运动损伤，提高运动员的自信与斗志。因此，力量是篮球运动员十分重要的素质。力量的素质有三种：最大力量、肌肉爆发力、肌肉耐力。篮球运动员需要的力量主要是快速力量，在激烈对抗的篮球比赛中，大多数动作都是在快速和爆发用力情况下完成的。

（1）力量素质训练的要求

1. 力量训练的整体性和系统性

（1）一个人想要将自己的力量最大化，发挥出最大的爆发力，单靠某个环节的力量是不够的。力量是各运动环节、各功能和肌肉群之间协调配合、共同发力的综合结果。跑得快、跳得高，需要一群肌肉配合，而非单一的肌肉在发挥作用。所以，建立整体的力量发展观念，不仅要发展主动肌，也要发展小肌肉群的力量，不能忽视二者中的任何一个。除此之外，躯干力量（腰腹肌和背肌）也不应该忽视，它对篮球运动员也是特别重要的。

（2）要有系统的进行力量训练。因为力量的增长和系统的练习有关，训练不会欺骗自己，练过了力量就会越来越强，停止训练后力量就会消退。训练中每组的间隔长短是系统训练中的一个关键问题。因此在力量训练中，系统性、计划性和不间断性是训练中很重要的问题。

（3）篮球运动的特点要求运动员具有综合实力。在现代篮球运动中，体型较大的运动员数量增加，他们必须有足够的最高力量去保持高大的体型参加比赛，而篮球作为一种精确的运动，肌肉的敏感度对其也很重要。

2. 力量训练阶段性任务

力量训练的目标、方法和内容的确定，要根据不同的发展阶段，对不同类别力量的需要进行适当的调节，以此来提高成绩。

（1）基础阶段力量练习

通常制订任何形式的力量训练计划，都应先从基础阶段开始，它是整个力量训练的“物质”准备阶段，其目的在于提高身体各个部位的强韧度和抗拉强度，为以后更高难度的特训打下良好的基础。因此，为了保证肌肉、关节以及韧带之后能承受高强度的训练，必须安排一个科学而全面的训练计划，计划中应包括所有的肌肉和肌肉群。在这一阶段，可以进行多种形式的练习。运动负重从低到中，逐步增加，这一阶段的训练时间通常在 2~4 周内。经过这一阶段的训练，不仅可以为后续的训练打下坚实的基础，而且还能降低后期的运动损伤

（2）提高最高力量阶段

第一阶段是提高最高力量阶段，增加肌肉对最大阻力的抵抗力。在运动项目中，体能的锻炼既要求有爆发力，还要求有足够的肌肉耐力。打篮球，讲究爆发力和肌肉耐力共同发力，这两种能力都与最高力量有关。最高力量不够强，那么发挥出来的爆发力就会大打折扣。这个阶段的目标是让选手们在比赛中充分发挥自己的最高力量。篮球运动员最高力量的训练时间应该是持续两个月左右。在篮球力量的训练中，最高力量的训练并非是其目标，快速力量和弹跳力才是其最想完成的目标。

（3）全面发展阶段

依据篮球运动比赛的特点和要求，训练中所提升的最高力量要转化为专项所必需的快速力量耐力或爆发力，要通过专业的训练方法去训练。篮球比赛既要求有爆发力，又要有快速的力量和耐力，所以在训练的时间和方式上，要注意两者之间的平衡和合理，要以爆发力量为主，以耐力和速度为辅。最高力量的过渡阶段应该从提升阶段的后期开始，一直延续到比赛的开始。

（4）维持阶段

维持阶段的重要工作是维持之前阶段中已有的力量。这一阶段的力量训练方案可以按照篮球专项运动的特点以及运动员的技术和运动能力的要求，选择 2~4 个不同的训练项目。按照比赛期间的任务，制定力量训练方案，重点培养和激活特定的主动肌群、膝关节的屈伸肌群、躯干肌群、上肢的下压力量（抢篮板球）、踝关节肌群，以维持现有的强度训练，并在整个比赛期间继续发挥作用。

（5）过渡阶段

过渡阶段的主要任务是消除疲劳，进行全身各部肌肉的营养性训练。

（二）力量素质练习的主要方法

篮球运动员最高力量的训练应依据肌肉的收缩规律来增强骨骼肌的收缩力量，而肌肉的收缩能力与神经冲动的频率、强度及参与的运动单位有关。运动单位的肌纤维是分布在整块的肌群内，一个运动单位受刺激时，每一个运动单位的肌肉纤维都会引起收缩。而且随着参与的运动单位变多，肌肉收缩的能力也会增加。

锻炼最高力量的方法有两种：一是增加肌肉的生理横断面积，提高肌肉的收缩能力；二是增强肌肉的内部协调性，增强神经系统对肌肉的控制，调动更多的运动单位参与工作。这两种方式最常见的是以动力性向心工作形式进行的。

1. 提高肌肉生理横截面积的最高力训练

为了达到提高肌肉生理横断面积的最高力量的训练目标，应该科学地制定负重能力、重复练习的次数和组数、训练周期和组别间歇时间。

（1）负重能力

以负重为目标，要在本人最大负重的60%~85%的区间进行反复训练，这样可以促进肌肉功能的发展，从而增加肌肉的生理横断面积。对于100%的极限负载，应该谨慎使用或减少使用，次数通常为一周1~2次。谨慎使用是为了防止运动员的精神压力过大造成受伤；减少使用是为了调动更多的运动单位参与到其中，从而改善运动员的肌肉纤维同步工作水平，增强运动员的心理适应性。

（2）重复练习的次数和组数

训练时每组4~8次，这样的频率可以做5~8组，最后的几组一定要坚持完成。这是为了使肌肉的能量供给得到有效的提高，从而使肌肉的横断面积变大。这是因为在最后一组的训练中，参与的动作单位数量最多，其力量与完成极限负载时相当。

（3）训练周期

每一次的练习速度都要放慢一点，让自己的动作变得流畅，没有丝毫的停顿。完成一次动作通常在4秒钟内，这对锻炼肌纤维变大和增加肌肉的横断面积都是有益的。

（4）组别间歇时间

当上一次锻炼肌肉的疲倦已经消失时，再进行下一组是最好的。对于高水平的运动员，通常2~3分钟的休息时间就可以了，而水平没有这么高的选手的休息时间应该延长些。在休息的时候，可以进行一些简单的运动和放松的练习来加速身体机能的恢复。

2. 提高肌肉协调能力的最高力量训练

（1）负重能力

用本人可以承受的最大85%以上的负重能力去参与练习。这种高强度的刺激可以加快中枢神经系统的脉冲释放的频次和强烈度，从而调动更多的运动单位参与其中。

（2）重复练习的次数和组数

每组1~3次，可以做5~8组。按规定的强度完成次数计算组数。但高水平运动员可以根据实际情况，适当地增加训练项目的数量。

（3）训练周期

每一次运动的速度都要适度提高，增加一点“冲劲”，一次动作的完成通常在2秒左右。

（4）小组间隔时间

通常是3分钟，或者更久一点。如果是局部的肌肉参与了工作，那么间隔期可以缩短，相反则会延长些时间。总而言之，在进行下一次训练之前，要先把负载的肌肉恢复过来再进行。在间隔的时间里也可以进行一些小的运动和放松的训练。

在运动时，首先要加强肌肉的生理横断面积，使其达到一定的强度，之后再进行有关肌肉协调的练习，以防止受到伤害。

最高力量的培养也可以通过静力性等长训练和等动性训练来实现。

静力性等长训练一般都是以高强度的要求为标准，即100%的最高强度。在训练中，每次练习为5~6秒，而为了保证安全，所有的静力性等长练习通常不会超过15分钟。

等动性训练则需要借助仪器，提前确定好训练的速度和肌肉的张力。等动性训练是指当运动速度基本相同时，肌肉在整个训练中都能充分发挥出更大的力量，因为在每个关节上用力几乎都是相同的，所以它同时拥有等长和等张训练的优势。训练强度要高，一组4~8个，那么可以做5~8组，而每个小组之间的休息时间也要足够。

（三）肌肉力量的锻炼

因为肌肉耐力主要为有氧供能，因而它的提高既依赖于肌肉的发展，也依赖于提高有氧代谢功能、血液循环和呼吸系统功能，从而保证长期工作所需要的氧气和能量。

最高力量和肌肉耐力是相关的，不同运动员在完成相同的重量的反复次数，会根据他们的最高力量来决定。最高力量大的选手在训练中反复练习，会显示出更好的力量和耐力。因此，力量和耐力的提升，都是建立在最高力量的提升上。基本的体能耐力训练方式是：

1. 训练的强度

如果要开发出能克服更大阻力的肌肉耐力，可以使用运动员最高力量的75%~80%的负重进行反复训练；如果想要克服阻力小的肌肉耐力，那么它的最小承载强度不得低于运动员最大承载强度的35%，否则效果不会很理想。

2. 重复练习的次数和组数

如果想要达到最极限的次数，那么就要坚持不懈地做到最极限，只有这样才可以提高呼吸系统的供氧能力和血液循环以及糖酵解供能机制，使肌肉耐力提高。训练的次数也要根据实际来制定，一般要在确保每个组都能达到的最大重复次数的基础上来决定组数。

3. 训练周期

如果采用动力性训练，那么可以根据训练的组数和次数来决定，用完成预定的训练组数、次数为训练的持续时间；如果是静力性训练，那么一个动作通常要保持10~30秒。这要看负重的程度，负荷大则保持时间会相对较短，负重小则保持时间相对较长一些。

4. 组数之间的休息时间

为了达到疲劳积累和发展肌肉耐力的要求，可以在身体没有完全恢复之前就进行下一系列训练。若运动员在做了若干次的训练之后，已经很累了，可以适当地增加他们的休息时间。

(四) 综合性力量训练

综合性力量训练法是指不单纯对某一种训练因素起作用，而是具有多种训练目的的训练方法。它常常采用两种以上训练方式混合安排。篮球运动员综合性力量训练，主要采用耐酸性的肌肉增粗法，然后再进行绝对力量训练，最后再发展相对力量，改善肌肉用力地协调性和肌肉持续用力地能力。这种方法能逐步使肌肉发挥最大力量，充分动员肌肉运动单位参加工作，达到最佳状态，并防止准备活动不充分，避免运动伤害事故的发生。

1. 塔式锻炼法

塔式的锻炼是将进行极限负重的肌肉力量压缩，之后逐步加大负重，最后使用的练习重量只可以做一次，完成之后再慢慢减少负重，增加反复练习次数的方法。如最大负荷的全蹲为100公斤，则可选60公斤做20次1组，70公斤12次1组，80公斤10次1组，90公斤3次1组，100公斤1次1组，然后选择 80 公斤，直到做不起来最后一个为止。做 1 组或 2 组。

2. 综合培训法

综合式训练是指运用两种或更多的力量进行锻炼，例如：首先完成 3~4 组肌肉增粗法，之后再做 4~8 组快速力量练习法。

3. 循环练习法

循环练习法是通过设置多个力量训练点，安排许多不一样的训练内容来进行综合训练，使各个肌肉群的力量能得到多方面的发展。

二、篮球速度素质训练

（一）对速度素质的要求

篮球速度训练要与速度素质相适应，合理安排速度训练的内容，采用行之有效的教学手段和方法，使反应、动作和位移综合得到提高。

篮球运动速度的训练应该按照以下几点进行：

1. 要合理安排练习内容

练习内容应包括提高位移速度、反应速度和动作速度的练习。发展位移速度的训练，可以反复进行，每次训练的强度一般在 85%~100%之间，最长不能超过 10 秒，反复的组数和次数不能影响运动强度的保持，重点是腰部、腹部、腿部的肌肉的锻炼，以提高运动员的移动速度。培养反应能力的训练，要不断地使用突发性的听觉信号，使运动员做出对映一致的动作；按信号做有关选择的练习，使运动员根据信号的复杂程度，做出一定的反应；以及移动的目标信号练习，运动员需要对正在变化的物体做出快速的反应。培养动作速度的训练，应该采取类似于篮球运动比赛并能快速完成的动作进行反复训练；采用视觉信号、听觉信号等刺激运动员，提高其运动速度，进行简单的训练；通过负重进行专业的运动速度训练；依据篮球运动的时空需要，需要缩短练习时的时间和空间限制来提高运动速度。

2. 要使篮球技术动作和快速跑动练习相配合

保证选手在使用技术时不会降慢移动的速度；在速度训练中，其难度不能太大，超出选手的承受范围，应着重于速度的提升。

3. 目标明确

培养反应能力和加强时空判断能力、观察力的练习是相关的；训练动作的速度，应着重于提高肌肉的延展性、可塑性，以及肌肉与肌肉群之间的协调性；在运动速度的训练中，应注意增强运动员的 ATP 的再合成效果和非乳酸无氧供给能力。

4. 依照训练任务对速度训练进行适当的排序

在训练的过程中，篮球运动的速度训练要尽可能地放在训练的准备前期进行；在各项素质训练中，速度的安排要优先于力量与耐力，以保证运动员在良好的身体和心理状态下，完成速度训练的数量和强度。

（二）速度素质训练的方法

首先，篮球速度素质训练的主要手段分为各种专门性练习、各种起动跑练习、篮球移动技术中各种跑的练习、结合球的速度练习。

各种专门性练习，包括小步跑、后踢腿跑、高抬腿跑、左右侧交叉步跑、跨跳步跑结合、加速度跑、跑台阶、上下坡跑和牵引跑等，以提高运动员的位移速度。

各种起动跑练习，内容如下：

第一，原地或移动中，根据视、听信号突然起动或加速跑（10~30 米）。

第二，各种姿势的起跑（10~30 米），采用蹲踞式、站立式、侧身站立、背向站立等。

第三，起跳落地后立即起动侧身加速跑，以提高运动员的起动反应速度。用各种姿势起跑，各种短距离的往返跑、追逐跑。

篮球移动技术中各种跑的练习，包括在篮球场上做绕障碍跑、变向跑、侧身跑、后退跑、弧线跑和折线跑等练习，各种防守步法练习。

结合球的速度练习，内容如下：队员做跑动中的自抛、自接或向前自掷地滚球的接球、抢球；全场直线运球跑，变速运球跑，并结合行进间投篮练习；全速跑接长距离传球上篮；原地对墙快速传球。两人行进间快速传接球上篮；中线或三分线外快速行进间跨跳步投篮；各种距离的快速移动接球投篮（跳投）练习；全场快攻以多打少（二攻一、三攻二、四攻三），快攻二攻一、三攻二，并结合攻守转换的练习。

第三节　篮球耐力素质训练和灵敏素质训练

一、篮球耐力素质训练

耐力素质是指运动员在长期的运动过程中，对神经和肌肉的疲劳进行抵抗的能力。根据人体器官的不同，耐力可以分为：肌肉耐力和心血管耐力；从供氧特征的角度又可以把心血管耐力分为无氧耐力和有氧耐力。根据运动员耐力素质与篮球比赛的关系，可以将其划分为专项耐力和一般耐力两种类型。

（一）篮球专项耐力素质特征

篮球运动员的肌肉耐力以糖酵解的能量供给为主，所以在篮球专项耐力的训练中，应着重培养最高乳酸生成能力和抗酸性的练习，并辅以有氧能量供给的练习。篮球运动员一般都是高个子，体重大，左心室壁较右心室壁厚，心房容积也比较大。运动员在运动中做功较多，其心肺功能好，脉搏跳动快。

（二）篮球专项耐力素质训练的要求

篮球专项耐力训练应根据教学任务与要求，和同学的实际水平，科学地安排练习的强度、密度。在阶段练习方案中，前期的准备阶段要加强有氧耐力的训练，而在准备阶段的后期和比赛前要注意无氧性耐力的训练。篮球运动员在进行耐力训练时，应先提高有氧耐力，之后再采用增加无氧界限的训练，使得篮球专项耐力持续得到改善。篮球运动员在体能训练中，要注重专项耐力的培养。在进行专项耐力训练时，应首先加大运动量，然后再加大运动负重。要进行长期的耐力训练，训练内容要多样化，以提高运动员对不同刺激的适应能力，防止因为枯燥的训练，让人产生厌烦，导致其不想练习。要科学合理地使运动员提升对自我的要求以及有坚定的品格。篮球的体能练习需要身体在每一次练习完全恢复后再进行下一次。但是，在实际的篮球运动比赛中，职业运动员每次进行练习后都不会完全恢复，这需要运动员有强大的有氧供能的能力，从而使身体快速恢复。

（三）篮球专项耐力素质训练方法

1. 连续训练法

采用连续训练法来发展学生的有氧耐力，训练强度不宜过大，心脏跳动频率控制在 135~160 次 1 分，有利于改善学生的心肺功能，提高肌肉的用氧能力。持续时间取决于学生的训练水平，训练水平较高的队员可以持续进行两个多小时，而训练水平低的同学，相对持续时间也短一些。一般来说发展有氧耐力持续时间不少于 30 分钟。

2. 间歇练习法

采用间隙法发展有氧耐力，训练时心率可以达到 170~180 次/分，间隙训练强度大，一次练习的时间不能过长，一般持续 2 分钟以下，少的也可以十几秒。间隙法的关键是控制间隙时间，在心率尚未完全恢复（心率恢复到 120

次 1 分）就可以进行下一次训练。

3. 循环练习法

可以根据篮球专项的需要，选择用于锻炼心血管耐力的练习手段，设置若干练习站点，学生按照每个站点的内容和要求一次进行练习。

二、篮球灵敏素质训练

（一）篮球一般灵敏素质训练

篮球灵敏素质的训练可将各种专项技术和辅助练习结合起来进行，另外各种脚步动作的转换练习、抢断球游戏、绕过障碍的接力赛、传接各种难度的球、接地滚球，各种滚翻、手翻、闪躲和模仿练习，以及在快跑中根据信号进行急停、起动、后退跑、转身跑和改变方向跑等都可以运用到篮球灵敏素质训练中来。灵敏素质是人体综合能力的表现，因此发展灵敏素质必须从提高身体素质的全面综合能力入手，重点培养运动员反应能力、平衡能力和掌握动作的能力等。

篮球一般灵敏素质的训练可采用以下几种方法：

1. 固定转换体位的练习，如各种穿梭跑、8 字跑和折返跑等，主要发展人体的基本灵敏能力。

2. 在跑、跳中做迅速改变方向的各种跑、躲闪、突然起动以及各种快速急停和迅速转身等练习。

3. 突然发出各种指令信号，练习者接收信号后，迅速做出应急反应，这种方法主要是提高人体灵敏性。

4. 器械、体操、武术中的一些复杂动作练习，以及速度、动作、力量、高度、方位等经常变化的不对称练习和各种球类活动。

5. 做复杂多变的综合练习，如用“之字跑”“躲闪跑”“穿梭跑”和“立卧撑”四项组成的综合性练习。

6. 变速和变向练习。在跑、跳过程中快速、协调、准确地完成各种动作，如变向、变速、急停、急起、转体等。

7. 专门练习，如立卧撑跳转 180°连续进行、上步纵跳、左右弧线助跑、单腿起跳、旋转 360°连续进行等。

（二）篮球专项灵敏素质训练

1. 提高反应判断的训练

（1）按口令做动作。

（2）按口令做相反的动作。

（3）原地、行进间或跑动中听口令做动作。如喊数抱团成组；加、减、乘、除简单运算得数抱团组合等。

（4）听信号或看手势做急跑、急停、转身、变换方向等练习。

（5）听信号的各种姿势起跑。如站立式、背向、蹲、坐、俯卧撑等姿势。

（6）一对一追逐模仿练习。

（7）一对一互看对方背后号码。

（8）一对一脚跳动猜拳、手猜拳、打手心手背、摸五官等练习。

（9）跳绳练习。如两人摇绳，从绳下跑过转身，从绳上跳过等。

（10）各种游戏，如叫号追人、追逃游戏、抢占空位、打野鸭、抢断篮球等。

2. 发展平衡能力的训练

（1）在平衡木上做一些简单动作的练习。

（2）在肋木上横跳、上下跳练习。

（3）各种站立平衡练习，如俯平衡、搬腿平衡、侧平衡等。

（4）一对一面向站立，双手直臂相触，虚实结合相互推，使对方失去平衡。

（5）一对一弓箭步牵手面向站立，虚实结合互推互拉，使对方失去平衡。

（6）急跑中听信号完成急停动作。

（7）用手扶住体操棒，然后松手转身击掌再扶住体操棒使其不倒。

（8）向上抛球转体 2~3 周再接住球练习。

（9）原地跳转 180°、360°、720°落地站稳练习。

（10）旋转 360°后，保持直线运行练习。

（11）障碍曲线转体跑练习。

（12）原地连续转 5~8 周，然后闭目沿直线走 10 米，再睁眼看自己走的方向是否准确中。

3. 发展协调能力的训练

（1）模仿动作练习。

（2）各种徒手操练习。

（3）做不习惯方向的动作。

（4）简单动作组合练习。如原地跳转 360°接跳远，前滚翻交叉转体接后滚翻，跪跳起接挺身跳等。

（5）一对一背向互挽臂蹲跳进、跳转。

（6）双人头上拉手向同方向连续转。

（7）脚步移动练习。如前后、左右、交叉的快速移动，单脚为轴的前后、转体的移动，左右侧滑步、跨跳步的移动。

(8）跳起体前屈摸脚。

(9）做小腿里盘外拐的练习。

(10）选用武术中的“二踢脚”“旋风脚”动作进行练习。

(11）双人跳绳。

(12）改变动作的连接方式。

第四节　篮球柔韧素质训练和弹跳素质训练

一、篮球柔韧素质训练

柔韧是指运动员关节韧带屈伸旋转的活动范围和肌肉拉长的幅度。在篮球运动中，许多技术动作的完成都需要运动者的身体关节和关节的肌肉、肌腱、韧带等软组织具有良好的柔韧性，如此才能完成各种技术动作。发展柔韧素质对篮球技术的掌握和发挥有着积极的促进作用。

（一）柔韧素质的种类、特征及决定因素

通常，可以将柔韧素质分为一般柔韧素质和专项柔韧素质。这种分类方式在篮球运动中也是常见的。

1. 柔韧素质的种类

(1）一般柔韧素质

一般柔韧素质，就是指普遍都能适应的一般身体、技术、战术训练所需要的柔韧素质。

(2）专项柔韧素质

专项柔韧素质，就是指那些与专项相适应的特殊的柔韧素质。篮球运动员在专项技术的掌握与提升上，是必须具备这一素质的。

2. 柔韧素质的特征

篮球运动对运动员的柔韧素质要求是比较高的，这种高要求尤其体现在手指、手腕、肩、腰、踝及腿等部位上。一般来说，篮球运动员的外在特点主要表现为：身材高大、身体健壮、肌肉粗大等。从解剖学的角度上来说，其柔韧素质的特性与普遍意义上的柔韧素质是基本相同的，主要受到对抗肌维持姿势的肌紧张、牵拉性条件反射而引起肌肉收缩的限制，以及神经过程的兴奋与抑

制的协调性，对肌肉收缩与舒张（紧张与放松的快速转换）的影响。因此，篮球运动员的柔韧素质的影响因素可以归纳为肌肉、肌腱、韧带、关节囊的弹性这几个方面。

3. 决定柔韧素质的因素

大量的研究表明，对篮球运动员的身体柔韧素质产生影响的因素很多，如人们相对比较熟悉的骨关节的结构、运动员的心理素质等等，因而运动员有必要熟悉和了解这些影响因素，从而有针对性地开展篮球的柔韧性素质训练。

（1）骨关节结构

众所周知，不同的个体之间存在一定的个体差异，因而不同的个体也会有不同的骨关节结构，这也会对个体身体的柔韧性产生较大的影响。然而需要强调的是，不同的个体拥有不同的骨关节结构，这个是难以轻易改变的，它遵循个体的身体成长规律，因而人们不要妄想通过大量的训练来迅速地改变运动员的骨关节结构，这是有悖科学原理的。通常情况下，骨关节的活动范围主要是受到如下两个因素影响，一个就是关节头，另一个就是关节窝，这是两个不同的关节面，如果它们之间的关节面差很大，那么篮球运动员的骨关节就会有相对比较大的活动范围。相反，如果它们之间的关节面差不大时，那么篮球运动员的骨关节活动范围就会受到一定的限制。骨关节结构的生长是先天的，通过训练是难以改变的，但通过训练可以使各个关节达到最大的活动范围，充分挖掘其潜力；而不训练的人，各关节所具有的活动潜力非但不能发挥，并且还会消退。

此外，不同关节的灵活程度是存在差异的，通常情况下，运动员的腕关节相对比较灵活，而运动员的指关节则没有那么灵活。

（2）跨过关节的肌肉、肌腱、韧带

篮球运动员的身体中包含了很多个不同的关节，这些关节在运动员的运动中发挥了十分重要的作用。运动员的关节需要一些结构来帮助其更好地固定，那就是人体的肌腱和韧带。可见，在篮球运动员的柔韧性训练中，其需要重视跨过关节的肌肉、肌腱以及韧带等。

具体发展某一关节的柔韧性时，主要发展控制关节屈、伸的肌群伸展性及协调能力。如发展膝关节的伸膝能力，主要发展大腿后部肌群及小腿后部肌群的伸展性；发展屈膝能力，主要发展大腿、小腿前部肌群的伸展性。再如发展体前屈的柔韧性，主要发展腰背肌群及大、小腿后部肌群的伸展性；发展体后仰的柔韧性，主要发展肩部肌群、胸大肌、腹肌及大腿前部肌群的伸展性。可见，在发展某一部位的柔韧素质时，应让屈、伸肌相互协调发展才能提高其关节的柔韧性。因此，增进跨过关节的肌肉、肌腱、韧带等伸展性是提高柔韧性的重要途径，应予以足够的重视。

(3) 关节周围组织的大小

在运动员的关节周围通常情况下都会有很多大小不同的肌肉块以及脂肪等人体的组织结构，这些组织的大小也会在一定的程度上影响运动员身体的柔韧性素质，同时对运动员的柔韧性训练产生一定的影响。例如，对于一个篮球运动员而言，如果他身体关节周围的肩部三角肌很大的时候，他的肩关节在活动时就会被束缚，从而束缚肩关节的活动区间等。

(4) 疲劳程度

对于篮球运动员而言，其在长期的训练过程中一定要把握好训练的强度，一旦运动员的训练强度过大，这就会使其处于一种十分疲劳的状态，这也会间接地影响运动员的柔韧性素质。究其原因，当运动员的身体处于疲劳时，他的身体中的肌肉组织的弹性以及伸展性等都会被降低，从而从整体上降低运动员的柔韧性素质。

(5) 温度

当篮球运动员身体中肌肉的温度在一定的条件下升高时，这个时候运动员身体的新陈代谢就会变得很快，这样运动员的肌肉就会更加有弹性，同时肌肉的伸展性等也会在一定的程度上得到提升，从而最终增强运动员的柔韧素质。可见篮球运动员的身体温度也会对其身体的柔韧性素质产生影响。需要强调的是，除了运动员的身体温度会影响自身的柔韧素质之外，篮球运动员所处的环境温度也会影响其柔韧素质。因而对于篮球运动员而言，当他们所处环境的温度发生了变化之后，其一定要做好充足的各项准备，从而调整自身的柔韧素质。对于个体而言，他在一天之中的不同时间会有不同的身体状态，其身体的温度也会有细微的变化，因而个体在一天之中不同时间的柔韧素质是有差异的，一般个体在刚刚起床的时候没有经过运动，其柔韧性相对比较差，而到了中午时，个体的柔韧性就会增强一些，略略高于早晨起床时的柔韧性。

(6) 活动水平

对于不同的个体而言，当他们的活动水平不同时，他们的柔韧素质也会呈现出差异。例如，通常情况下那些经常不运动、不活动的人往往具有较差的柔韧素质，他的柔韧性很差，他们稍微运动就会感觉浑身酸疼等，同时身体也难以有大幅度的运动动作等，这是因为长期不运动的人的膝以及髋关节等总是长期处于一定稳定的状态，这样就会大幅度地降低个体肌肉韧带的伸展性，从而使其韧带失去活力。除此之外，那些活动水平比较低的人的体内容易产生脂肪的堆积，这也会限制柔韧性的发挥。总而言之，对于篮球运动员而言，他们的活动水平会影响他们的柔韧素质，因而他们在篮球运动中应该保持合适量的运动水平，从而最好地发挥其柔韧性。

（7）心理因素

在篮球的训练以及比赛中，运动员的心理素质也会对其身体的柔韧素质产生较大的影响，这主要是因为运动员的心理紧张等情绪的变化会通过身体的中枢神经系统进行传递，从而间接地影响身体其他部位的协调和工作，并且在一定的程度上影响运动员的柔韧性素质。换句话说，在篮球竞赛中，当运动员的出现十分紧张或者害怕的心理变化时，他们身体的肌肉等就会出现异常的情况，从而影响柔韧性的发挥。需要强调的是，对篮球运动员开展柔韧素质训练是一个长期的过程，这也需要运动员能够调整好自己的心态，一定要有持之以恒的耐心和毅力来训练，从而达到比较理想的柔韧素质训练效果。如果运动员的心理十分脆弱，在柔韧性训练中一遇到疼痛或者挫折就放弃或者停止训练，那么他们就难以提升自身的柔韧素质，也难以很好地从事篮球这项运动。

（二）篮球运动柔韧素质训练的特点

柔韧性是指运动员关节韧带屈伸旋转的活动范围和肌肉拉长的幅度。它取决于关节的骨结构，以及跨过关节的韧带、肌腱、肌肉和皮肤的伸展性及弹性。在篮球运动中，当运动员采取必要措施很好地发展了自身的柔韧素质之后，他们就可以更好地掌握一些高难度的篮球运动技巧等。同时当运动员拥有比较高的柔韧素质时，他们在训练和比赛的过程中也会比较少出现运动损伤等，这也可以使运动员的身体变得更加健康。因而在具体的篮球运动中，教练一定要重视训练和提升每个篮球运动员的柔韧素质，从而为其比赛做充足的准备。

篮球运动的素质训练必须注意加强运动员关节韧带，特别是腰、胯、肩、腿、踝关节韧带的锻炼。拉长韧带，加强韧带的弹性，不仅可以提高灵活性，而且对提高力量和速度都有积极的影响。需要强调的是，在篮球的运动训练中，运动员尽量不要单独地训练自身的柔韧素质，运动员可以把柔韧素质的训练和力量素质以及速度素质的训练等结合起来进行训练，这样就可以增强运动员身体关节的灵活性，从而取得比较理想的训练效果。

（三）篮球运动柔韧素质训练的方法

1. 手指和手腕柔韧性练习

（1）徒手练习

①握拳、伸展反复练习。

②两手五指相触用力内压，使五指指根与手掌背向成直角或小于直角。

③两手五指交叉直臂头上翻腕，掌心朝上。

④手腕屈伸、绕环。

⑤手指垫高的俯卧撑。

（2）器械练习

双手举杠铃至胸，用手指托住杠铃杆。

2. 肩关节柔韧性练习——拉肩练习

（1）单人练习

①背对肋木坐，双手在头上握肋木，以脚为支点，挺胸腹前拉起成反弓形。

②背向肋木站，双手反握肋木，下蹲下拉肩。

③背向肋木屈膝站肋木上，双手在头上握肋木，然后向前蹬直双腿，胸腹用力前挺。

（2）双人练习

①俯卧，两手握木棍尽力向头顶上伸展，陪练者坐在运动者身上，一手拉木棍，一手顶其背助力拉。

②双人背向两手在头上拉住，同时做弓箭步前拉。

③运动者站立，两手在头上握住，陪练者一手拉运动者头上的手，一手顶其背助力拉。

3. 腰腹部柔韧性练习

（1）绕环练习

两腿与肩同宽直立，向左前、右前、左后、右后、左侧、右侧做伸仰接球的练习。

（2）转腰练习

两人背向站立，相距 1 米左右，持实心球做左右转体传接球练习，也可运用头顶球的动作做腰部快速后伸前屈的练习。

4. 腿部柔韧性练习

（1）拉跟腱练习

脚尖站在台阶上面，脚跟悬空和提踵一样。使劲向上顶，然后慢慢落下，落下时脚后跟一定要尽量碰到地，每组 20 个，共做 3 组。

（2）劈腿、压腿、踢腿、摆腿和控腿练习

①劈腿练习

前后劈腿。可独立劈腿，也可以将腿部垫高，由陪练者帮助下压。

左右劈腿。仰卧在垫子上，屈腿或直腿都可以，由陪练者扶腿部不断下压。

②压腿练习

将一只脚放在一定高度上，另一条腿站立，脚尖朝前，然后正压（勾脚）、侧压、后压。

③踢腿练习

原地扶把杆或行进正跑（勾脚）、侧踢、后踢。

④摆腿练习

运动者向内、向外摆腿。

⑤控腿练习

手扶支撑物体，前控腿、侧控腿、后控腿。

5. 踝关节和足部柔韧性练习

（1）肋木练习

手扶齐腰高度的肋木，用前脚掌站在最下边的肋木杠上，利用体重上下压动，然后在踝关节弯曲角度最大时，停留片刻以拉长肌肉和韧带。

（2）垫子练习

跪在垫子上，利用体重前后移动压足背，也可将足尖部垫高，使足背悬空做下压动作，增加练习时的难度。

坐在垫子上，在足尖部上面放置重物，压足背。

二、篮球弹跳素质训练

在现代的篮球运动中，运动员已经掌握了很多先进的技术以及战术策略等，因而现代篮球运动的竞争就变得异常激烈。这就要求运动员在日常的训练中一定要全面提升自身的综合素质，要对身体的各方面素质进行有针对性的训练，从而最终提升运动员的篮球实力。在篮球运动员的各项体能素质中，其弹跳素质是很重要的一种素质，需要运动员格外关注。这是因为在篮球运动中，不管是训练还是比赛的环节都需要运动员的弹跳能力，只有具备比较强的篮球弹跳能力，他们才能够在球场中很好地完成投篮的动作等。总而言之，在篮球竞赛中，运动员的弹跳能力对比赛的结果能够产生至关重要的需要，因而我们应该重视训练和提升每个篮球运动员的弹跳素质。

（一）弹跳素质的定义

弹跳素质是指通过下肢和全身协调用力，使人体急速离开地面的能力。它与力量、速度和协调性等多种身体素质有关，是篮球运动员一项重要而必备的素质。良好的弹跳力是篮球比赛中争取空间优势的必备条件。篮球运动员在进行弹跳力训练时，教练员要循循善诱，晓之以理，动之以情，使学生处在轻松、和谐的训练环境之中，从而使弹跳素质有明显提高。要注意的是弹跳力训练要长期、科学、系统，内容和手段要多样、合理，要坚持因人而异、区别对待的原则。

（二）篮球运动员弹跳素质训练的方法

对于篮球运动员而言，其弹跳素质的提升是一个长期坚持的过程，不是一朝一夕就可以快速提升的技能，因而篮球运动员一定要掌握科学的训练方法来提升自身的弹跳素质。

1. 负重练习法

在篮球训练中，对运动员开展负重训练具有较强的针对性和目的地性，那就是发展个体的肌肉体积，从而使个体的肌肉都可以变得更加有力量，其主要的发展模式就是让运动员身体中的大肌肉群去带动小肌肉群进行发展。在负重训练中，运动员可以先从自身的踝关节里面的小肌肉群开始进行练习，然后逐步增大训练的幅度。总而言之，在具体的篮球训练中，运动员开展各种各样的负重练习的最终目的都是为了增强自身腿部的力量，从而使其在篮球竞赛中可以更好地利用腿部进行弹跳等。此外，在实际的训练中，运动员还可以开展负重半蹲起训练，进一步提升弹跳的素质。

2. 跳跃练习法

在篮球训练中，对运动员开展负重训练的根本目的就是为了提升运动员身体的快速收缩能力。需要强调的是，跳跃练习的方法很多，运动员在实际的训练中可以结合自身的实际情况选择适合自己的跳跃练习方法，如弓箭步跳、半蹲跳、直腿跳等。

（1）30 m 加速跑练习

30 m 加速跑练习对篮球运动员提出了相对比较高的要求，即运动员在训练的过程中一定要尽力加速跑，而不能敷衍了事，那样就会使降低训练的效果。当运动员尽力奔跑时，他们的神经系统就会变得很兴奋，这样也可以增强其篮球运动的弹跳力。在最初练习时，运动员可以保持每次 6 组的频率，每组完成之后还可以休息 2 到 3 分钟的时间，随后再逐步增加训练的组数。

（2）踝关节力量训练

对于篮球运动员而言，当他们需要完成一个起跳的动作时，他们通常都是身体向上跃起，最后运用自己身体的踝关节发力向上跃起，可见踝关节在运动员起跳这个动作中发挥了非常重要的作用，运动员踝关节的力量大小也会对起跳动作的高度以及幅度等产生影响。因而在篮球的训练中，一定要重视运动员的踝关节力量训练，从而为起跳做准备。需要强调的是，踝关节的力量主要是来自人体的小腿三头肌群，可以采用的训练方式就是徒手提踵练习。一定要坚持训练才可能达到理想的效果。

（3）踝关节灵活性练习

在篮球运动员起跳的过程中，其踝关节的力量会影响起跳的高度等，而踝关节的灵活度则会影响起跳的方向以及技巧等，可见在篮球训练中，不仅需要加强运动员的踝关节力量训练，还需要加强运动员踝关节的灵活性训练，从而使起跳动作更加完美，能够很好地展现运动员的弹跳能力。其实当人们观察运动员的起跳动作时就可以发现，在这个动作的完成过程中，运动员身体的各个部位角度的变化都没有踝关节大，因而人们尤其要关注踝关节的灵活性，否则运动员在起跳时就会很容易受伤，造成不可估量的消极后果。

（4）跳深练习

在篮球运动训练中，跳深练习可以集中地增强运动员的爆发力，使运动员可以跳跃到一定的高度。对于篮球运动员而言，他们在开展跳深练习时一定要掌握科学的训练方法和体系，从而完整地掌握一整套的训练方法，这样才可以达到比较理想的训练效果。需要强调的是，在跳深训练中也有很多种不同的训练形式，每种形式都有其特点以及针对点，因而运动员在训练中需要根据不同的情况采用不同形式的跳深练习形式，从而增强自身的弹跳力。例如，运动员可以采用超等长练习，也可以适当地采用不同高等的跳深练习等。

（5）快速力量练习

在篮球运动训练中，快速力量训练至关重要，它也是运动员提升自身弹跳速度的重要基础。快速力量的训练方式比较多，其中比较高效的形式包括如下几种：其一就是立定跳远，其二就是多级跳远，其三就是单足跳，其四就是跳绳等等。可见在实际的训练中，运动员可以根据自身的需求以及喜好选择适合的快速力量训练方式。

（6）连续屈膝跳练习

在篮球运动训练的过程中，运动员可以适当地开展连续屈膝跳练习，从而增强篮球运动员的弹跳力。在具体的操作中，连续屈膝跳练习对于环境以及场地等都有比较高的要求，它要求运动员在土地上面或者在沙坑里面开展这项训练。在训练时，运动员需要提起两个脚的脚后跟，然后把臀部往下沉，收缩自身大腿的肌肉，把自身的上半身体进行前倾处理，直至和大腿接触，之后就可以把自己的膝关节放松下来落到地上。需要强调的是，运动员在完成这个动作时需要尽可能地提高身体的重心。一般情况下，运动员可以练习 3 组到 5 组的数量，然后每组练习 15 次到 20 次。当运动员完成一组的练习时，运动员就可以适当地休息 3 分钟左右的时间，从而很快地恢复体力进行训练。

3. 腰腹力量训练

在运动员的弹跳动作中，腰腹力量同样发挥了很重要的作用，因而运动员在实际的训练中也要加强腰腹力量训练。在训练中，运动员可以采用多种方式进行训练，如人们比较熟悉的仰卧起坐以及仰卧举腿等形式。此外，为了增强腰腹力量的训练实效，人们还可以使用一些器械来辅助练习。

第六章　现代篮球运动员的心理训练

所谓的心理训练指的就是，带有一定的目的影响运动员的心理过程和个性心理特征的这样一个过程。之所以这样做，主要就是为了促使运动员的心理可以适应运动训练和运动竞赛的相关变化，养成对自我进行动员、调节和控制的能力。篮球心理训练就是为了和现代化的运动竞赛的需求相适应。不论是什么样的竞技类的运动项目，都多多少少和竞赛有着一定的联系。现代化的篮球竞赛有一个非常明显的特点，那就是具有很强的对抗性。在进行比赛的时候，如果比赛两方的身体素质、技术水平和战术水平等都差不多的话，最终就要看谁的心理素质训练水平更高了。我国男女篮球队在参加的国际大赛中，功亏于心理训练水平较低的情况屡见不鲜。因此，加强我国优秀运动队伍的专门心理训练刻不容缓，尤其职业化后的主客场联赛，使得心理因素对球队的影响愈加重大。为此，在篮球训练中有关人士愈来愈重视心理训练，正在努力提高运动员心理活动的水平。本章主要论述了篮球运动员心理训练的方法和意义、篮球运动专项心理素质、篮球比赛心理训练等内容。

第一节　篮球运动员心理训练的方法和意义

一、篮球运动员心理训练的方法

（一）提高记忆持久性

所谓的篮球运动员的记忆的持久性指的是，对于篮球这样一项运动的技术和战术的记忆的时间的长短。因为篮球运动是一种隔网运动，并且这一运动把各种各样的技术和战术都融合在一起，所以，我们可以说这一项目比较复杂和多变。篮球运动员必须非常准确地把握击球的动作，还要对各种各样的战术进行灵活的转换。实际上，记忆的持久性就是运动员在进行活动的时候所获得的比赛体验和克服环境的刺激的一种非常有效果的力量。假如一个运动员的记忆的持久性并不是很高的话，那么，环境的变化就会引起其在运动中的不舒适感。在篮球运动成绩的发展中，记忆的持久性越来越引起人们的重视。通常来说，记忆的持久性涵盖了这样几个练习方法——重复记忆法、间接复习记忆法、联想记忆法、冥想记忆法等。所谓的重复训练法，通常包含两种：一种是技术重复，一种是战术重复，也就是重复练习技术动作和战术动作，从而促进自身的记忆持久性不断发展。技术重复包括传球、顶球和踢球等，战术重复包括个人战术、集体进攻战术等。除此之外，对于间接复习法的使用也是非常多的，在实际的练习中，可以更好地记忆技战术的相关动作和篮球的相关文化。所谓的联想记忆法指的是，学习人员可以借助于和篮球相类似的排球、足球等的相关知识进行一定的联系，从而对新学习到的篮球方面的知识进行巩固。这几种训练方法都能很好地增强记忆的持久性，在实际训练的时候，我们可以合理运用。

（二）提高篮球运动员的专项智力水平

当我们培养运动的战术意识的时候，需要考虑篮球这一项目对篮球运动员的专项智力水平的要求。具体来说，篮球这一项目对篮球运动员的专项智力水平有这样几个要求：对于篮球的技术和战术的理论性知识的接受能力，对于篮球这一项目的技术和战术的动作的顺序和基本的要领的记忆能力，对自己、队友和对手的篮球的技术和战术的特征进行有效的分析和理解的能力，对自己在篮球运动中获取信息的能力进行及时处理的能力等等。要想提高篮球运动的专项智能水平，一个非常有效的方法就是积极学习篮球运动的知识和一些相关的学科知识。在这些知识中，篮球运动的相关学科的知识涵盖的内容非常丰富，比如，运动训练学的相关知识、物理学的相关知识、心理学的相关知识等等。在真正进行篮球训练的时候，教练员可以采用多种途径——多媒体的展示、实际的观察和模仿等，促使篮球运动员更好地学习篮球运动知识和相关的学科知识，并且在实际的模拟比赛中对这些知识进行广泛的应用。

（三）加强学生的人际交往能力和社会适应能力

我们可以这么说，篮球运动就是人类社会浓缩的影像，其规则可以更好地促进学生的自律能力的提高，促使其在遇到问题的时候可以冷静地进行思考，对自己头脑中的智慧进行运用，还要使用技巧和一些战略，不断克服遇到的困难，进而克服自己的弱点。学生可以借助于篮球比赛，不断扩大自己的朋友圈，有效地促进情感的沟通和交流，促进学生的交际能力的提高，促使学生在踏入社会以后可以更好地和社会相适应，最终和社会相融合。

（四）形成学生良好的情绪状态

篮球运动带有一定的趣味性，并且让人充满激情，在进行比赛的时候，可以非常娴熟地运球、巧妙地传球、精准地投射球，在进攻和防守之间进行转换，把自身的能力和战术完美地展现出来，这些都带给人们一种美的感受，促使参与比赛的人员可以获得良好的感受和体验，使大脑皮层的兴奋和抑制进行一定的转换，在参加完比赛以后，整个人都会感觉非常放松，消除了不良情绪带来的影响。篮球这样一项运动可以让人的心理更加稳定，还能增强积极的情绪影响，促使学生更好地把自我展现出来，最终实现身心的健康和全面发展。

（五）个人项目和集体项目的运动员存在的心理困扰分布不同

不论在什么训练比赛中，存在的问题都是差不多的，但是，在集体性的项目比赛中，更多的存在“怕比不好教练不满意”这样的问题，在个人项目的运动员之中，更多的存在的是“缺乏比赛信心”的问题。在集体性的项目运动中，教练员对于运动员的出场和排布具有决定权利，教练员自身的教育风格对运动员的信任度具有一定的影响，并且集体性项目的运动员更加关注的是教练员的态度。在日常的学习和生活中，不论是个人项目的运动员还是集体性项目的运动员，他们所具有的心理困扰是差不多的，但是，集体性项目的运动员更加担心的是未来的职业生涯的规划和发展，之所以出现这样的问题，可能和不同的运动项目的市场前景和群众的参与程度有联系。

（六）培养学生的集体荣誉感和团队协作的精神

篮球运动是一项需要团队合作的项目，在运动中，主要的精神就是团队合作，正是因为篮球具有这样的特点，故而，参与到篮球运动中的每一名学生都要把集体利益当作最主要的，非常合理和正确地处理个人利益和球队的整体利益之间的关系。在进行比赛的时候，每一个运动员的位置都是不一样的，故而，其自身的任务也就不一样，各个运动员之间不论是在战术配合上还是在相互掩护上都要团结起来，这让我们认识到，单独一个人的力量是非常有限的，团队的整体性的力量是非常强大的。在篮球场上的时候，各个运动员一同承受失败和压力，在这个过程中，大家形成了有福共同享受，有难一起承担的观念，一起为集体增加光彩，一起维护集体的利益，可以更好地培养每个人的集体荣誉感和团队的合作精神。

（七）提高篮球运动员的观察能力

所谓的观察指的就是有意识的知觉的较高的发展形式，也就是带有一定的目的性和计划性的知觉。在篮球比赛当中，篮球运动员只有借助于观察，才能获取对自己的行为产生影响的各种各样的信息，然后再计划性地开展战术上的行动。我们可以这么说，篮球运动员要想形成战术意识，前提条件就是观察。观察可以有效地促进篮球运动员把自身的技术和战术水平有效地发挥出来。故而，教练员要采用各种各样的手段来促进运动员的观察能力的提高。在日常进行篮球训练的时候，教练员要让篮球运动员细心地观察自己和同伴的传球路线、传球的方式、移动的位置等等，然后把观察得到的信息当作依据，选出一种最好的战术上的行动。在对比赛进行模拟性的训练和正式的比赛中，首先需要做的就是认真观察对手的战术上的想法，从而提前做出一定的判断，尽快地选出需要应对的方式。在训练的时候，教练员可以把一些观察的方法教给篮球运动员。在进行篮球比赛的时候，可以采用的比较有效的观察法主要包括：联系观察法、对比观察法、层次观察法、即时观察法。观察也是有一定的要求的，首先需要确定一个非常明确的目标，然后围绕目标制定一个非常周密的观察计划，在进行观察的时候，既要做到全面，又要做到有重点，把多种感官都调动起来进行观察。

（八）培养情感的多样性

所谓的对感情的多样性进行培养，既包括对自身的多样化的情感进行观察和调控，也包括对其他人的多样化的情感进行观察和调控的能力。篮球运动员一定要具有这样一种能力。社会不断向多元化发展，人的思想和情感也在变得更加多样化。篮球运动员一定要处理好自己和队友、裁判等的关系，故而，他们必须具有多样化的情感，不然的话，不论是在训练的时候，还是在比赛或者生活中，都会产生一些非常不好的情绪，对自己、比赛和生活产生一定的影响。就现在的情况看来，很多篮球比赛中，队员和裁判之间的冲突、两个队伍之间的冲突、队友和队友之间的冲突都是这样产生的。现在，很少有心理训练牵涉学生情感的多样化培养。然而，在西方的国家中，很多学校都把情感教学当作必须要学习的课程，对学生进行情感多样性的培养可以让学生对篮球产生兴趣，取得更好的篮球成绩。人的所有动作最初的动力都来源于情感。虽然说情感具有现实性，但是，其所具有的力量不只是在现实生活中发挥作用，还能在超现实的境界中展现出一定的影响。在人类的心理活动中，包括三个向度——知、情、意，情感是最核心的部分。在篮球的情感多样性的培养中，我们不只是需要培养学生的团结合作、相互帮助和开拓创新的篮球精神，还需要培养热爱祖国、热爱民族的情怀。篮球是一种新兴起来的民族性的体育运动，其涵盖了中华民族优秀的传统文化。我们应该追求的更高层次的情感应该是和人、社会、自然和谐相处的精神。

（九）加强高压力的模拟比赛训练

长时间以来，模拟比赛训练都是篮球运动训练中一项非常重要的内容，可以促进篮球运动员的技术和战术水平的提高。在进行模拟比赛训练的时候，如果所模拟的对手的技术和战术水平比篮球运动员的水平低的话，那么，篮球运动员的身心就会放松下来，注意力也会变得分散，不论是技术还是战术的使用就会变得非常随意，有的还会故意出现问题，让模拟对手获得分数，这样的话就非常不利于培养运动员的战术意识。与之相反，假如所模拟的对手的技术和战术水平比篮球运动员的水平高的话，那么，篮球运动员的心情就会变得非常紧张，注意力就会高度集中，不论是技术还是战术的运用都强调计划性和预先的判定性，是不敢轻易就出现问题的，可以较好地培养运动员的战术意识。对此进行分析，我们就可以知道，在进行篮球模拟比赛的训练的时候，要想对篮球运动员的战术意识进行培养，教练员需要安排比篮球运动员的技术和战术水平都要高的模拟对手，这样的话，就会带给篮球运动员一定的心理压力，促使篮球运动员把自己所学到的所有的篮球知识都运用于模拟比赛之中，多加观察、思考、计划和行动，争取在比赛中占据主动权，最终获取一定的得分。当然，在模拟比赛训练的时候，不只是较高水平的模拟对手会给运动员带来较高强度的压力，比赛中的各种各样的突发情况也会带给运动一定的压力，比如，裁判员可能出现错误性的判定、运动员可能出现运动性的损伤等。当出现了突发性的问题的时候，篮球运动员需要非常快速地思考，积极主动地寻找解决问题的方法，然后果断采取行动解决问题。不论是从一开始观察问题，还是到分析和解决问题，这些都可以对篮球运动员的战术意识进行有效的培养。

二、篮球运动员心理训练的意义

对于篮球运动员来说，心理训练的作用是非常显著的。经过一系列的研究，我们发现，20 世纪的后来的 10 年时间里，国内的体育期刊对运动员的心理技能的训练和心理咨询等进行了较为广泛的研究。[①] 然而，最近几年的调查

① 钟振宏，朱从庆，郑裔军．运动心理学在我国篮球项目中的研究现状分析［J］．山西师大体育学院学报，2005（S1）：125.

却表明，高等院校的篮球运动员的心理素质整体上的水平并不是很高，对心理素质进行训练的水平也不高，心理训练比较随意，并没有什么章法可言，有的压根就没有关于心理训练的说法。① 所以，我们需要对篮球运动员的心理训练进行较为广泛的研究，不断促进篮球运动员的心理素质的提高，这是现阶段的篮球训练的比较重要的一项任务。

第二节　篮球运动专项心理素质

所谓的篮球运动的专项心理素质指的是，运动员在具备的一般的心理素质的基础上，然后经过训练所形成的具有专项性的特征的心理素质。大家都知道，运动技能的形成就是在各种各样的感觉机能相互协调和配合之下，和大脑皮层的运动中枢以及其他的区域所建立起来的短暂性的联系的结果，也就是运动员经过了不断地反复性的练习以后所获得的技能。在对运动技能进行建立的过程中，本体感觉的作用是非常重要的。不论是技术动作，还是动作的成分，都与关节和肌肉工作有着非常紧密的关系，经过反复的练习，促使动作更加完善，只有这样，才能形成一套正确的动作模式。例如在训练投篮时，不论在什么位置、距离上进行，都要强调处理好投篮入射角与抛物线的关系，瞄篮点是肌肉感觉的前导，是视觉与本体感觉的联系。所以说，专项心理素质与一般心理素质两者是有机联系不可分割的。

篮球运动中的主要心理素质包括意志品质、情绪稳定和专门化知觉。

一、意志品质

在篮球比赛中，其所要求的各种各样的心理能力都需要借助于意志行为表现出来。我们可以这么说，运动员精神有一个非常显著的特点就是意志坚强。运动员所具有的意志品质对比赛具有非常重要的作用。意志品质可以促进人的毅力的产生。如果篮球运动员的意志品质非常强的话，在比赛的时候就会不气馁，失败的时候也不会垂头丧气，在激烈紧张的时候表现得更加勇敢和顽强，在赛场上发挥出超出往常的技术。假如篮球运动员的意志非常薄弱的话，在比赛的时候，当比赛双方的体力消耗得差不多的时候，意志薄弱的人就会变得越

---

① 吴扣龙．高校篮球队员心理素质现状及训练情况调查［J］．山东农业工程学院学报，2019，36（10）：96.

来越没有信心，整体的协调性也变得越来越差，速度也慢下来了。这个时候，有的运动员就会变得非常紧张，没有了很强的拼劲；有的运动员就会非常急迫地想要取得胜利，变得非常急躁，以至于在匆忙之中出现问题；有的运动员即便是在连续的罚球中都很难投中。以上这些都是因为在比赛中遇到困难的时候，运动员不能对各种困难进行有效的处理，也就是意志力比较薄弱的表现。所谓的意志品质指的就是人的气质和性格的综合性的表现。所以，我们要非常重视对篮球运动员的意志品质进行训练，并培养其集体主义精神。

所谓的意志指的就是，带有一定的目的性和意识来对行动进行支配和调节，不断克服遇到的各种困难，最终实现一开始想要达成的目标的这样一个心理过程。每个人的意志是不一样的，有的人的意志比较强，有的人的意志比较弱。人的意志品质指的就是构成人的意志的那些相对比较稳定的方面。

（一）篮球运动员的意志品质的特征

1. 主动性和独立性

（1）运动员要积极主动思考，找出训练和比赛当中存在的问题，针对问题改进训练和比赛并且在比赛中能够独立思考，针对比赛的实际情况，形成自己独立见解，创造性地发挥，并在比赛当中敢于承担责任，对在比赛当中所担当的职责抱创造性态度。

（2）运动员要自信，对自己永远充满信心，相信自己在平时训练当中所积累起来的技战术水平，从而在比赛当中敢于发挥甚至超常发挥。

（3）运动员要具有好强和不服输精神，敢于面对任何强队，要做到“遇强不弱，遇弱更强”，体现出一名优秀运动员应该具备的良好精神面貌。

2. 顽强性

主要表现在为实现动机而坚韧不拔，百折不挠地去克服困难，当遇到困境的时候，能够挺身而出，通过顽强的训练和比赛作风带动同队队员走出困境，不仅要做一名“锦上添花”的队员，更要做一名“雪中送炭”的队员。

（二）篮球运动员意志品质的培养方法

怎样才能培养意志品质呢？其特点就是不断促进克服困难的程度的定向的提高。在各种各样的训练手法中，首先加大困难，然后克服困难，最终战胜困难，通过这样的方法来培养运动员的意志品质，意义是非常显著的。我们要想对运动员的意志品质进行有效的培养，就需要系统性地对运动员的训练难度和负荷进行增加，以此开展训练。经过一系列的实践，我们发现，困难并不是固定的，教练员需要对情况有清晰的了解，多加设想可能遇到的困难，既要增加困难的难度，又要促使运动员认识到只有经过自己的努力才能克服一定的困难，也只有在克服遇到的各种各样的困难的过程中才能培养意志品质，最终产生不怕困难的精神。关于意志品质的培养方法具体有：

1. 确定目的，持之以恒

一名优秀运动员必须树立明确目的，有坚持不懈的精神，养成不达目的誓不罢休的习惯，把锻炼坚强的意志和勤学苦练有效地结合起来。在训练的时候，教练员要进行周密的安排，监督运动员认真完成相关的训练作业，有意识、有系统地去培养磨炼他们。

2. 调高难度，增大负荷

在进行训练的时候，首先要了解运动员意志品质的培养要求，然后带着一定的目的增加练习的难度，比如，环境的条件、疲劳的状态等，运动员要在一定的条件限制下，经过自身的努力不断克服遇到的困难，最终完成任务。当运动员在这个过程中主观感觉到战胜困难的喜悦，就会增加信心。

3. 强化比赛因素，提高竞技意识

充分利用比赛形式、方法和竞赛中的对抗，提高竞技意识。比赛的重要意义在于力争胜利，追求比赛定向，竞赛对抗赋予运动员相互较量的特殊人际关系和意志磨炼，这就要求运动员在复杂变化的条件下去掌握运用和发挥自己的能力。同时又要去适应比赛的负荷和条件，使自己的意志得到磨炼与发展。所以，我们要把运动员的竞争意识充分地激发出来，借助于比赛鼓励运动员勇敢地面对困难，并且最终战胜困难。提高比赛负荷和对变化形势的适应，那么无论对个人或对集体都是有重要意义的。

（三）意志品质培养的训练方法

1. 培养自信心的意志训练

竞技体育对运动员的心理方面的要求有一些是相同的，主要就是自信心和战胜困难的斗争精神。所谓的自信心指的就是相信自己一定胜利的信念。克服困难的斗争精神指的就是内在的稳定。在这两个共同的要求中，发挥主导性作用的是必胜的信念，不然的话，其他的内容就没法谈起来，还会产生一些消极的影响。主动性和独立性的外在的一些表现就是自信、好强和不怕输。在训练的时候，通常都会采用竞赛性质的手段，比如，在比赛的时候如果比分是比较接近的，那么，就可以规定时间，在一定的强度下，开展分组性的比赛；或者是采用两个篮球队投篮、罚球的相关比赛等，从而把队员的争强好胜的心理激发出来。

2. 克服困难的意志训练

运动员自身所具有的克服困难的斗争精神实际上就是意志品质的外在性的

表现。在开展训练的时候，我们可以不断增加负荷量来增加身体的困难；设置战术上的变化来形成判断和应变的困难；设置一些障碍，增加各种各样的精神性的压力；加大针对各种难度的技术的练习等。我们要想对运动员的勇敢、坚强和战胜困难的精神进行培养，通常要：

（1）篮下抢“三分”：3 人 1 组，1 人投篮，其他 2 人防守，封盖，谁抢到球（包括投进的）谁就继续投篮，其他 2 人防守、封盖，防守中不计犯规，推、拉、抢、拽都可以，谁先投中 3 次，谁就胜利。

（2）一锤定音：全队站在罚球区周围，让一名队员罚球 1 次，罚中下课，不中则全队罚绕篮球场跑一圈。

（3）连续防守：3 对 3 半场教学比赛，要求防守队连续防守成功 3 次才能结束，如果中间有一次进攻未成功，则重新计算防守次数。用这类方法来提高队员内心的稳定性和培养克服困难的顽强精神。

3. 针对性的意志训练

意志训练还应有针对性，因人而异。例如：某二中锋总是在离罚球区稍远一些的地方活动，不敢靠近篮下。为此，在训练中指派最强硬的队员去防守，不让他在外线接球，迫使他向篮下靠近接球，从而锻炼该队员在篮下敢打敢拼的意志比赛作风。再如：某队员的防守非常出色，进攻时几乎不投篮（怕投不中别人笑话他），为训练他的意志，在一般的比赛中，规定一段时间内，全队只通过他一个人进攻，训练他成为一名积极的进攻型队员。

二、情绪稳定

在运动员的最佳心理状态之中，最佳的情绪状态是最为核心和重要的内容。篮球运动员在临近比赛的时候的心理状态更多的也是表现在情绪上，其对动作效果和比赛的效果具有重要影响。在心理学意义上，所谓的情绪指的就是人对客观事物的态度上的体验和与之相对应的行为性的反应。通常来说，情绪涵盖了刺激情境、主观性的体验、神经过程等。从心理情绪上来看，情绪既受到自身的兴趣的影响，还受到自身的性格的影响。因为篮球运动员都想取得胜利，这促使篮球运动员不断努力，但是，有的时候，如果比赛失败了，还会产生一些消极的情绪。在比赛的时候，运动员的情绪会随着比赛的推进不断发生变化，这些情绪上的变化会对运动员的行动产生一定的影响。篮球运动员主要有两种情绪状态，一种是应激，一种是挫折。

在比赛的时候，篮球运动员所表现出来的一些比较异常的行为，比如，动作的变形、注意力不集中、心神不定等，都可以说是应激的一种表现。如果出现了应激行为，就会产生一些消极的情绪，影响运动员的心理能量的发挥，最终出现失败的情况。通常来说，应激行为都是受到一定的刺激才产生的，其会引起运动员的情绪出现波动。

在运动训练或者是参加比赛的时候，一些运动员因为主客观因素，促使自己的训练或者比赛成绩出现下降的情况，最终出现悲观、失意等情绪状态，我们称之为心理挫折。有哪些原因促使运动员出现心理挫折呢？客观上的原因主要有：在训练或者比赛的时候不能得到重用、队员和队员之间以及队员和教练之间存在人际交往上的矛盾和冲突、裁判的不公正判决等。主观上的原因主要有：个体自身的需要和运动队集体利益之间存在的矛盾、技术和战术水平与比赛现场上的角色存在交叉、自己曾经设定的成功的标准并不能实现、性格上比较软弱、抵抗挫折的能力比较差等。然而，在训练或者比赛的时候，运动员随时都可能遭遇挫折，但是，并不是说所有的挫折都会对心理和行动产生不好的影响。与之相反的是，挫折促进运动员对自己坚强的意志进行锻炼，创造性地解决一些问题，并且促进技术和战术水平的提高。运动员所遭受的心理挫折必须在一定的范围内，不能过于强烈，不然的话，就会使得运动员产生消极的情绪，不能主动地参加训练和比赛，最终不利于成绩的提高。在训练或者比赛的时候，情绪的消极影响一定要引起我们的关注，并通过训练方法改变不利影响因素。

那么如何重视运动员情绪的稳定性，做好大赛前的准备呢？首先，要对运动员赛前心理状态进行分析，对过分激动、淡漠或盲目自信等状态，要分析原因与后果，引导运动员有良好的精神准备状态。其次，要在比赛中采取相应的手段以使运动员保持稳定的心理情绪。所谓稳定情绪，就是使运动员保持比赛中适宜的兴奋状态，把平时的训练水平更好地发挥出来。比赛过程中，随着战局的起伏，运动员常常是由一种情绪状态转入另一种情绪状态，因此，特别要注意区分比赛中陶醉状态与狂热状态、悔恨状态与消极状态，为此，要通过针对性的暗示，鼓舞信心与斗志，消除紧张状态，指出问题与采取防范措施，保证比赛中战斗精神处于振奋状态，并激发比赛中最深刻和最复杂的情感，即运动荣誉感、自豪感、义务感和责任感，从而使运动员的力量、能力和意志得到最大限度的发挥。随之在比赛后，还应对胜利与失败的主要心理表现进行分析，从意志、适应性、思维的正确发挥及其对比赛成败所起的主要作用都要加以讨论，以提高运动员的心理素质和在个性特征方面作正面的引导。

针对情绪开展的心理训练的方法非常多，我们还需要对篮球的特点进行针对性的分析，进而采用这样几种方法：

1. 程序训练法

所谓的程序训练指的就是，促使运动员的思维和行为都能有目的、有计划地开展，在养成较好的习惯的同时，建立条件性的反射。这样的话，就可以在一定程度上减少比赛前思维比较混乱、行为上手足无措的现象的出现，确保运动员稳定地控制自身的情绪，并且稳定地把自身的技术发挥出来，以此来抵抗外界所带来的干扰。通常来说，程序训练主要涵盖这样两个方面——行为程序、思维程序。所谓的行为程序指的是在比赛之前应该做什么；所谓的思维程序指的是在比赛之前应该想什么。篮球比赛有自身的特点，我们要有计划、有目的地编制出一整套相对比较完整的思路。比如说，在比赛之前的练习中，应该想些什么？应该怎样做等等。在平时的训练中就要把整个程序熟悉起来，最终形成一定的习惯。通过这一系列的程序训练，运动员可以更好地控制自己的情绪，最终达到较好的竞技性的状态。

2. 情绪调控训练

所谓的情绪调控指的是，借助一些比较有效的方式，促使运动员在比赛关键的时候展现出好的情绪体验。通常来说，我们可以把情绪调控分为两类：一类是教练员的控制，一类是运动员的自控。

(1) 教练员的施控方法

在比赛之前，可以针对情绪性的体验进行模拟化的训练。通常来说，运动员之所以过于紧张，主要就是因为比赛中存在很多新异的刺激。故而，在比赛之前的模拟比赛的训练中，我们可以让运动员反复地对比赛中的相类似的情景进行体验，这样就可以在一定程度上降低正式比赛时候的刺激的强度，在正式的比赛中展现出良好的心理状态。

故而，教练员需要根据比赛中可能出现的各种突发性的问题，设计出来对运动员的情绪体验有重要影响的模拟模型，这样的模拟模型主要包括：比分交替上升；裁判错误；观众吼叫；对手粗野；主力下场；对方控球；我方控球；同伴失误；罚球不中；时间限制。运动员针对模拟模型所开展的适应性的训练促使他们可以更好地应对比赛中的各种各样的突发性的问题，当问题真正出现的时候，不至于产生消极的情绪，促使情绪稳定。

在进行模拟训练的时候，我们一定要注意：

①在运动员真正参加比赛之前，需要针对比赛开展适应性的模拟训练，要了解比赛的对手、比赛的环境等，并且进行较为详细的分析，然后再根据分析的结果进行模拟性的训练，促使训练尽可能和正式比赛相类似。

②因为每一种心理训练的内容是不一样的，故而，针对训练进行的模拟的点也就不一样，比如在篮球的一对一的对抗性的训练中，可以选择比赛对手的特点进行模拟性的实践训练；在主客场制度的比赛中，可以模拟客场的环境，针对裁判和观众等的环境进行训练。

③模拟性的训练主要指的就是促进运动员的适应能力不断提高的训练，借助于模拟性的训练，可以促使运动员的中枢神经系统形成一定的优势，并且建立相对比较合理的定型结构。但是，比赛并不是固定不变的，运动员要尽可能地适应各种各样的变化，在开展模拟训练的时候，尽量制定多种多样的模拟情况，从而促进运动员应对各种比较复杂的环境的能力的提高。

首先要开好准备会。在准备会上的时候，我们不只是要针对技术和战术提出各种各样的方案，还要针对运动员比赛中可能出现的情绪波动提出应对的措施，尤其需要关注那些情绪比较暴躁的运动员，不断提醒他们要控制好自己的情绪。

还可以暂停一下来对情绪进行控制。那些比较有经验的教练员都知道，在实力差不多的比赛当中，通常都会给自己留一次暂停的机会，一般不到最为关键的时候都不会轻易使用这次机会的。教练员可以对这次暂停的机会进行充分的利用，把对手的缺点指出来，鼓励队伍打起精神，保持高昂的状态，还要提醒那些头脑发热的运动员一定要保持冷静，激发情绪低落运动员的精神状态。

（2）运动员的自控方法

比赛的现场是不断变化的，有的时候出现胜利，有的时候出现失败，促使运动员产生应激的刺激因素是非常多的，并且并不那么容易进行控制，但是，在整个比赛中，运动员是比赛的主体，故而，运动员要具有自控的能力，只有这样，其才能在比赛中正常发挥自身的水平。

运动员的自控能力的训练方法主要包括：

①想象训练：对自己的动作的要领进行回忆，或者对自己表现最佳时候的情况进行回忆，从而稳定自己的情绪，排除干扰性因素。

②注意力集中训练：可以专心看某一个事物或者是专心听秒表的声音，把自己的注意力集中起来，排除所有的杂念等。

③自我暗示：可以借助于自我暗示的方法，默默念一些警句，从而消除自身紧张的情绪。当比赛的得分差不多，还没有分出谁胜谁负的时候，比赛的现场出现了白热化的状态，这个时候，运动员的情绪波动是非常大的，其需要通过自我暗示来对自己的情绪进行有效的控制。在平时的训练和比赛当中，运动员需要不断对自身进行自我暗示的相关技能训练。自我暗示的警句包括：我不紧张；我不急躁；不能手软；我很镇定；我很放松；我有信心；不能蛮干；我不气馁；我不服输；我不泄气；服从裁判；敢于拼搏；力争胜利。

④相互提示：场上的运动员的情绪是不断变化的，运动员需要使用一些警句不断提醒自己要控制自己的情绪，相互进行鼓励和配合，这样就可以较好地保持整个队伍的情绪稳定。相互提示的语言包括：别着急；不能慌；稳住神；

沉住气；别紧张；大胆运；敢于抢；放手抢；争篮板；尊裁判；抢时间；拼到底。

运动员自控情绪的训练需要注意这样几点：

①在进行自控练习的时候，一定要产生一种针对思维运动的效果，带有一定的目的地对思维进行发展。

②还要把自控练习和各种各样的运动感觉有效地结合起来，把头脑中的想象转变成运动的机体的行为。

③促使运动员把自身的注意力高度集中起来，闭着眼睛进行练习所能取得的效果会更好。

④从一定意义上来说，自我暗示实际上是涵盖在意念之中的。在正式比赛之前，可以进行意念训练，这样的话，一方面可以想象假动作完成的完美过程，另一方面，可以借助于一些暗示性的语言来对自我进行激励，从而获得技术性想象和心理调控的双重效果。

⑤在平时的练习中，意念的训练可以在暗室中进行，当然，最好的方式就是在一个比较舒适的地方躺着或者坐着。

3. 赛前思想工作

（1）信息回避

所谓的信息回避指的是，排除比赛之前的不好的刺激，降低自己的思想包袱，尽可能地降低可能产生的过渡性的焦虑问题。针对对手进行敏感式的分析，不能过分地强调对手自身的竞争优势；如果自己这一方面的技术和战术方案已经确定下来了，并且已经被队员所熟知，这个时候一般就不再进行变更了；在比赛之前的准备会上，比赛的重要性和胜负的重要性不再是强调的重点了；也不要安排太多的和领导会面，如果在比赛之前过多的鼓励，会使得运动员的压力增大；尽量减少和外界的接触，比如，谢绝亲朋好友的会面，谢绝一些电话的问候等；教练员的言语对运动员的影响是非常明显的，故而，教练员一定要控制好自己的言语和行为，通过自身良好的情绪对运动员产生一定的感染。

（2）认知指导

比赛的任务要明确下来，并且制定合理的目标，不断激发比赛的积极性，增强比赛的信心，有效分析比赛的形势，并进行较为细致的心理上的指导。在正式比赛之前，要做好较为充分的准备工作，在真正比赛的时候只需要正常发挥自己的水平就可以了，在比赛结束以后要强化好的方面，这样就能形成自信心。详细说来，主要包括：①需要看到自己队伍的优势和对手队伍的劣势，这样就能增强自身队伍的信心，在心理上占据优势，与此同时，还能把自己队伍的长处发挥出来；②需要看到对方队伍的优势和自身队伍的劣势，从而发挥长处规避短处；③对自己队伍和对方队伍的特点进行分析，从而制定针对性的策略。通常来说，制定的策略比较多，这样可以更好地应对随时出现的各种情况。假如这些问题都能有效解决的话，就可以调节好情绪，摆正自己的位置，鼓舞斗志，最终树立较为扎实的信心。要想形成自信心，需要进行一定的培养，并且需要依靠长时间的认知性指导。

因为每个运动员的自身的情况都是不一样的，故而，在训练的时候，针对不同的运动员要采用不同的消除紧张情绪的方法。因为篮球比赛是一种集体性的对抗赛，运动员和运动员之间不只是要在技术上进行有效的配合，还在情绪上相互影响，尤其是主力队员的影响更加显著，所以，当我们在开展心理训练的时候，一定要把握好核心队员的情绪稳定性，进而带动整个队伍形成高昂的情绪，为比赛的胜利打下良好的心理基础。

总的来说，在比赛当中，稳定的情绪是非常重要的，只有保持良好的情绪，才能把潜在的力量发挥出来，这是在比赛中获取胜利的非常重要的条件。

三、专门化知觉

所谓的专门化知觉指的是，运动员所从事的专项运动的某些心理的特殊的感觉和知觉，这是一种复合性的知觉，也可以说是运动员的主要的心理因素。

（一）球感

所谓的球感指的是运动员在长时间的持续性持球训练的过程中所发展起来的对于篮球的一种比较专门化的知觉，其有一个非常显著的特点就是对于球体的性能感知得非常精细。球感实际上是一种较为复杂的知觉，也就是在练球的时候针对各种分析器中的刺激物进行精细的分化，并且在大脑皮层中所形成的较为复杂的而又稳定的神经联系的结果。球感是经过运动员长时间的刻苦的训练和反反复复的实践获得的，是对运动员的其他各种素质的综合性的反映。运动员的运动技能的高低的标志是其球感的精度和广度，这也是运动员一项最重要的专项心理素质。

当运动员形成了比较精确和敏锐的球感以后，其就会更加具有自信心，也更有胆量进行对抗，促使其在球场上运动起来更加自由，并且把关注点放在解决进攻和防守上的判断以及技术战术的使用上，整体上变得更加灵活。这样的知觉促使运动员在传球、接球、投篮等的时候可以更加稳固、准确、快速等。高水平的运动员一定要具备球感这一心理特点，只有这样，才能更好地在比赛中取得胜利。

要想形成较好的球感，运动员就需要进行长时间的触球训练，保证球不离开手，不然的话，就不能形成球感，即便是一开始形成了一点知觉，也会逐渐消失的。通常在情绪过于激动或身体过度疲劳的情况下，球感也会减弱。

（二）时空感

所谓的时空感指的是篮球运动员在球场上的时候对于时间和空间所形成的判断力。对于时间和空间的判断来自运动员对时间和空间的感觉和知觉。如果篮球运动员的时空感比较好的话，那么，其在比赛的时候就可以较好地完成攻击和防守动作，并进行有效的战术配合。时空感也是一种复合性的知觉，也是篮球运动员必须具备的专项心理素质。因为篮球运动是在地面和空间同时展开的，故而，如果运动员的时空感比较强的话，在比赛的时候就可以在一瞬间争取到更多的时间，从而在空间上展现出更多的自由，并且占据空间获取时间的主动权，创造防守中获取球的机会，真正把握住每一次难得的机会。对于不同的运动项目来说，时空感是不一样的。在篮球比赛中，攻守对抗是在刹那间不断变化的，故而，时间知觉是非常重要的，一定要反应非常敏捷，行动上杀伐果断。所谓的空间知觉指的是，篮球运动员对于自己的同伴、对手、篮球、位置等各种因素所做出来的判断和反应，这些因素之间的相对位置和转移的路线等，都可以成为对空间进行判断的依据。在篮球运动中，针对时空感的训练的要求更高，比如，其要求视野的范围更加广阔，更为准确地把握人和球的方向、距离和速度等，方位感非常强。

（三）注意力

注意力是一个很重要的心理品质，体现的是人的心理活动的指向性和集中性。篮球运动的竞争非常激烈，其会在大脑皮层中形成兴奋点，也就是把注意力凝聚起来。在篮球场上的时候，运动员会特意关注队友和对手的战术意图，这样的话，就可以针对性地采用行动策略。运动员需要具备非常好的视野，也就是把自己关注的视野范围扩大开来，获取更多的有用的信息，从而在赛场上更有效地进行个人攻击行为，在心理学上，我们可以称之为广阔外部注意。不只是运动员自身的条件影响比赛的胜负，与此同时，一些外部的环境也会对比赛产生一定的影响，比如，气候、裁判、场地等，这些因素多多少少都会对运动员的心理产生一定的影响，故而，越是快要实现目标的时候，越需要集中注意力，有效应对外界产生的干扰。

第三节　篮球比赛心理训练

一、篮球运动员比赛时的一般心理状态

篮球比赛的情况是不断变化的，运动员的心理状态也是不断变化的。虽然说一个职业化的篮球队伍的整体上的训练水平在比赛中占据基础性地位，但是，队员的良好的心理状态是确保比赛时候的技术和战术水平的重要因素。在篮球比赛中，受到一些心理因素的影响，强弱是可以转化的。比如，假如一个比较强的队伍败给了一个比较弱的队伍，往往都是因为心理上没有做好充分的准备，故而，当在比赛现场出现了意想不到的状况的时候，就会处于被动局势，在这其中，最为重要的就是情绪上的变化所引起来的技术和战术上的失调，最终促使队伍出现失败的情况。

（一）比赛前的几种心理状态

（1）对于一些比较弱的队伍，很容易产生轻视敌人的心理状态，主要的表现就是并没有全面估计困难。在比赛比较顺利的时候，队员的防守并不是很积极，在进攻的时候也比较随意。当遇到困难的时候，尤其是比分比较落后的时候，就会产生浮躁的情绪，甚至是在防守的时候出现犯规的情况；在进攻的时候比较消极和懈怠，不再讲究一些基本的打法，即便是使用技术和战术也变得没了正常的节奏感，成功的可能性降低了，频繁地出现失误，促使强的队伍变成了弱的队伍。

（2）面对强劲的队伍，通常来说会有两种心理状态。一种是积极面对，在比赛的时候把自己的特点充分地发挥出来，充满斗志，进而较好地发挥出竞技水平；一种是面对强敌表现出害怕的情绪，不相信自己的队伍可以取胜，不再积极主动地克服困难，通常在现场比赛的时候动作不协调、没有高昂的斗志等。

（3）当面对水平差不多的篮球队伍的时候，比较容易产生想要赢取胜利但是又害怕输掉比赛的不好的心理状态。为什么出现这种害怕的情绪呢？最主要的就是缺乏足够的自信心，什么都会想到这个怕字，害怕出现失误，害怕投不中篮，还担心因为自己个人的发挥不好而影响到整个团队的胜利等。但是，应该怎样才能克服遇到的难题，却是很少考虑的，具有非常重的得失心，在球

场上的决策也变得非常不利落，反应也变得越来越迟钝。

在比赛之前，运动员对比赛的看法是不一样的，故而，教练员需要学会在比赛之前和比赛中对运动员的心理和思想做好调整，帮助其克服各种各样的不良情绪；对于和比赛相关的情况，一定要做好充分的评估，并且进行认真的思考和分析，沉着应对和处理。教练员要积极鼓励运动员放下思想包袱，轻松走向比赛现场，又要针对比赛中可能出现的情况采取应对性措施，增加运动员的信心，从而全身心地投入到比赛当中。

（三）比赛中运动员的几种特殊心理状态

（1）有的运动员常常因为在刚刚比赛的时候或者是刚换上场的时候自己的技术水平发挥得好与不好而出现心理上的波动。比如说，如果自己的技术水平发挥得比较好的话，就会满怀信心；如果自己的技术水平发挥得不好的话，就会失去信心，整体非常颓废。

（2）那些主力性的替补队员在比赛的局势发生不好的变化的时候是非常希望自己可以加入到比赛中的，故而，可能会在心理上出现一些问题，当他们走上比赛现场以后，又可能因为盲目自信而发挥失常，当然，也有一些替补队员可以把自己的水平正常地发挥出来，正确地对待自己。

（3）对于那些比较年轻的队员，因为实际参加比赛的次数是非常有限的，通常都会非常紧张，当踏入比赛现场以后就会不知道怎么做了。当然，也有一些比较年轻的运动员，性格非常活泼和开朗，总想表现一下自己，也敢于在比赛现场展示自我，可以和一些比较强的对手一争高下。教练员调配使用时要区别对待。

（二）临场比赛中常见的几种心理现象

1. 比分领先时常见的心理状态

（1）整个篮球队伍都满怀信心，具有高涨的士气，不论是技术还是战术都得到正常发挥，各种动作表现得得心应手，比赛的成果不断扩大。

（2）整个队伍变得非常松懈，在防守的时候没了积极性，在进攻的时候又随意地处理球，从比较好的战局转变成不好的战局。

（3）篮球队伍的队员过于自信，想要进一步扩大比赛的成果，从而产生浮躁的情绪。当进攻和防守短处于不利局势的时候，通常都会变得非常急躁，在进攻的时候非常急迫地想要取得胜利，在防守的时候轻易又会犯规。

（4）因为思想比较松懈，促使比赛的分数出现了波动的时候，篮球运动员的情绪就会变得非常低落。通常来说，会有两种表现方式。一种表现是运动员的心情变得非常紧张，整体的打法全乱了，降低了成功率；另一种是运动员的心情变得非常沉闷，整体消极和懈怠，不只是节奏变乱了，士气也降低了。

对于以上出现的心理状态，教练员一定要分清楚哪一个是主要的，哪一个是次要的，及时采取预防和解决的措施，对比赛的打法进行调整。

2. 比分落后时常见的心理状态

（1）整个队伍的思想就会变得非常统一，不论是进攻还是防守都变得非常积极，大家满怀信心，拼死进行最后抗争，有效应对比赛，整体士气高昂，从被动变成主动。

（2）篮球队伍的运动员没了信心，不论是进攻还是防守，都变得没了主动性和积极性。

（3）篮球运动的队员之间彼此相互埋怨，并不能体谅和理解对方，以至于在比赛现场的行动不统一，整体的打法也很混乱，整个队伍的实力并不能有效地发挥出来。

（4）随着比赛的不断推进，比分出现了变化，运动员的心理承受能力也失去了控制，促使个人或者是整个队伍都处于被动的局面。

3. 比分相持和决战阶段时常见的心理状态

（1）整个队伍的思想行动都是一致的，具有很大的决心，可以获取胜利的可能性也非常大，有的可以超常发挥出自身的水平。

（2）因为思想包袱非常沉重，促使其思维路线变得狭隘，在决策上出现问题，也造成战术上的失误。

（3）因为竞争非常激烈，出现了紧张的情绪，运动员相互推脱责任。

二、篮球运动员比赛时的心理训练

在比赛的时候，因为是通过实际的比赛分出胜负的，再加上裁判、对手等其他因素的刺激，就会促使运动员的心理产生一定的变化，所以，不论是教练员还是运动员，都需要高度关注比赛时候的心理训练。一般来说，最基本的是对自我进行调节，树立正确的比赛观，消除自身的紧张情绪，形成良好的心理状态，正常发挥竞技的水平，最终获取比赛的胜利。

（一）赛前心理训练

1. 赛前的心理状态

通常来说，假如思想、身体、技术等准备得较为充分的话，就可以对自己和对手都有所了解，在认识上达成一致，这样，运动员在比赛之前的体力、技术等方面就不会出现多么大的变化，即便是有所变化，也主要是受到情绪影响的心理状态的变化。在比赛之前出现不同的心理状态的原因主要包括：对于竞赛的重要性的认识、对于成功的渴求、对于失败的恐惧。总的概括起来，主要包括这样几种类型：

（1）最佳竞技状态

最佳竞技状态指的是较为理想的比赛之前的积极应对比赛的心理状态。最佳竞技状态主要有这样几个表现：非常想要参加比赛、注意力高度集中、充满斗志等。在这种状态下，运动员可以较为清晰地认识到自己的力量，充满斗志，保持适度的兴奋，可以自我控制自己的行为和思维等。

（2）赛前焦虑状态

赛前焦虑状态有一些具体的表现，那就是在比赛之前的一段时间里，生理反应失调，比如，吃不下饭、睡不好觉、身体冒虚汗、呼吸也不顺畅等。在心理上的表现是注意力很分散、情绪暴躁、头昏脑涨、肢体动作僵硬等。

（3）虚假自信状态

在虚假自信的状态下，运动员往往都是嘴上比较强硬，心里比较虚，也就是缺乏一定的自信心。虚假的自信心指的就是在认识上存在一定的片面性，在心理上具有一定的恐惧感。故而，教练员要对运动员进行有效的引导，端正其比赛的态度，把自己的位置摆正，从而针对性地进行心理上的调节。

2. 赛前心理准备

（1）教练员需要制定非常周密的比赛方案，把赛场上可能出现的情况都考虑在内，制定针对性的应对策略。

（2）积极做好全面的准备，而不是只在比赛之前做好心理准备。在心理学上，有一个理论叫作“木桶理论”，我们要避免这种情况的出现。在比赛的时候，要把整个队伍的水平都发挥出来。

3. 赛前心理训练内容

赛前的心理训练是一种比较特殊的训练。其情景性非常鲜明，针对性也很强。赛前心理训练把常规的心理训练当作基础，以比赛的具体情景为出发点，紧紧围绕运动员比赛前的心理特点进行针对性的心理训练。赛前心理训练对运动员的技术和战术水平的发挥具有决定性作用，对比赛的成绩具有直接影响，故而，我们可以说，赛前心理训练是日常的心理训练的继续，其和比赛心理训练之间是有机衔接在一起的。在赛前的心理训练中，教练员要对运动员提出较高的要求，促使运动员的身体素质、心理素质、技术动作等都达到最好的竞技性的状态，要想实现这一目的，就需要依靠比赛前的心理训练。赛前的心理训练的内容主要包括：

（1）要对比赛双方的队员的技术、战术、心理状态的基本特点有所了解，有效地制定赛前心理训练的具体化的任务、实施的大纲。

（2）针对运动员的心理现状进行模拟比赛的心理训练，这一点是非常重要的。

（3）心理调节的手段是非常多的，我们一定要做好较为充分的准备。

（4）针对运动员参加比赛时候的心理障碍开展专门性的心理训练，也就是针对不同的心理障碍对运动员的自我放松、集中注意力进行有效的调节，促进运动员的心理素质的提高，不断克服心理上的障碍。

（5）在比赛的时候，运动员的意志品质是必须要培养的，这其中既包括比赛的信心，也包括战术思维。

（6）在比赛前，一定要针对比赛的环境进行一定的训练。在快要比赛的时候，可以组织运动员到相类似的比赛现场进行现场训练。当然，不只是需要适应自然环境，还需要进行心理训练，增强运动员的自我调节能力。

（二）赛中心理训练

1. 赛中的心理状态

在篮球竞赛中，运动员较量的不只是智慧、体力、技术等，还需要在心理上进行较量。和训练不一样，比赛不只是需要承受更强的身体上的负荷，还需要承受强度更大的心理负担。在比赛的时候，心理状态通常可以划分为三种——理想的赛中心理状态、不良的赛中心理状态、恐惧的赛中心理状态。

（1）理想的赛中心理状态

运动员最好的竞技状态中就包括理想的赛中心理状态。所谓的理想的赛中心理状态指的是各个方面的心理机制都能协调起来，对于运动员的水平的发挥最为有利的心理状态。理想的赛中心理状态实际上就是进入自己的角色，找着比赛的感觉，主要有四个方面的表现：第一，可以把自己的体能充分地发挥出来，既节约力气，也不会出现紧张的情绪；第二，可以集中注意力，把所有的精力都投入到比赛当中；第三，身体和心灵协调起来，发出的动作一气呵成；第四，把比赛当成展现自我的一个机会，各个运动员之间团结合作，整体上处于最好的状态。

（2）不良的赛中心理状态

是一个消极的不利于全队协同作战的障碍。主要表现为比赛中过度紧张状态，其构成的重要因素是对竞赛胜负要求过高和负担太重、特定情景下的失去信心、不适应外界环境的干扰、本身训练不足或训练过度、过去比赛的阴影和运动员的基因和神经类型影响等。受到这种过度紧张状态干扰的运动员，常想摆脱而往往事与愿违，越发紧张，这与平时缺乏心理训练和赛前心理准备不足密切相关。

（3）赛中恐惧的心理状态

也有一些运动员在比赛的时候对自己的对手产生害怕的心理，还没有开始比赛，从心理上就败下来了；有的运动员对于比赛的客观性的环境和比赛的结果怀有恐惧的心理。产生的原因大致与过度紧张产生的原因相同，这种情况受运动员的性格和神经类型以及训练水平的影响更为突出。

2. 赛中的心理战术

所谓的心理战术指的是对比赛中的实际情况进行具体分析，从而施加一定的心理影响的策略。之所以施加心理影响，主要的目的就是促使自己这一队伍在比赛的时候获取竞争的优势，一直到最后取得胜利。经常使用的心理战术主要有：（1）知己知彼，避实击虚。（2）出其不意，攻其不备。（3）露强藐敌，先发制人。

3. 赛中心理训练内容与方法

（1）比赛场上的心理调节训练

在比赛的时候，心理调节有很多。比如，因为对手的战术发生了改变，这就促使运动员的心理也产生了不适应性；在比赛的时候，如果比赛双方的比分交替地上升，比赛的形势发生了很大的变化，运动员的心理就会出现各种各样的问题。故而，教练员需要随时随地对运动员的心理变化有较为全面的了解，还要采用针对性的心理调节手段。假如每个运动员已经具备了自我调节的能力，那么，教练员所要做的就是在合适的时间进行提示，这就需要进行长时间的心理训练，尤其需要教练员和运动员之间形成一种比较特殊的心理关系。

临场的时候，需要对运动员的情绪进行调节，这个时候，可以转变消极的想法，保持情绪的稳定等。临场的时候，需要排除外界的干扰，并针对突发情况做出应急性的处理。

（2）赛场身心恢复训练

比赛所考验的是运动员的身体和内心的力量，在比赛中，运动员的身体和大脑都会消耗很大，尤其是两个队伍的实力差不多的比赛中，消耗的能量更大。所以，在比赛的时候，要充分利用空闲的时间来对脑力和体力进行恢复。教练员必须在合适的时间采用心理调节的相关手段，积极促进运动员的心理能量的恢复，只有这样，才能推动比赛继续下去，进而最终取得比赛的胜利。

（三）赛后心理训练

1. 赛后心理调整的意义

当比赛结束以后，运动员不只是感到身体非常疲惫，也会感到心理非常疲急。故而，在比赛结束以后，教练员一定要高度重视运动员的心理恢复。比赛后的心理训练不只是影响下次比赛的成绩，还对运动员的个性的发展具有重要影响。教练员都知道，虽然比赛结束了，但是，运动员的心理活动并没有结束，只是心理活动的方式变了。教练员需要细心观察运动员的赛后心理状态，及时调节运动员的言行。赛后心理调整的主要的意义就是非常及时和迅速地消除可能对下次比赛产生不好的影响的因素，促进运动员的身心健康发展起来。

2. 赛后心理调整的方法

（1）身体、技术、心理的全面恢复

在一场比赛中，运动员的身体和心灵的能量消耗是非常大的，并且随着身体的能量变得越来越少，技术动作和战术配合的质量也降低了。故而，在比赛之后，心理恢复训练必须非常全面，还要有所侧重。

（2）赛后紧张情绪的解除

在比赛当中产生的情绪并不会因为比赛的结束而消失，有一些运动员的赛场上的冲动情绪会延伸到比赛之后；有的运动员因为比赛获胜而洋洋自得，听不进别人的善意的劝说等。这些情绪都是比较消极的，不只是消耗了运动员的身体和心灵的力量，还会长时间难以消除。在比赛之后留下来的紧张的情绪，可以借助于放松、注意力转移等方法进行消解。

（3）赛后自我形象的修整

在比赛的时候，战局发生变化，运动员的形象也就会跟着发生一定的变化，当获得分数的时候，就会美化自我的形象；当失分的时候，就会缩小自己的形象，整体的评价不具有客观性。在比赛之后对自我的形象进行修整的目的就是：去掉那些不真实的成分，在自己的头脑中重新恢复自己本来的样子；了解自我的长处和缺点，扬长避短；在实际的比赛中树立起比较新的理想的发展形象，促使运动员的心理状态向积极的方面发展。使用的比较多的训练方法主要有想象演习法、想象训练法等。所谓的想象演习法指的是对整个的自我的形象进行内心的表演的过程；所谓的想象训练法指的是针对形象中的某个成分进行修复和训练等。

总的来说，现在的篮球运动越来越重视心理训练，这既对比赛的效果有重要影响，也是对教练员的智慧和运动员的水平的反映。

第七章　现代运动员篮球意识的培养

篮球技术的发展是非常迅速的，并且各种战术也日益丰富，随着各种训练的进一步展开，运动员的身体素质也得到了进一步增强，但是在比赛的时候决定比赛成绩的往往不是队员的体力与技战术，篮球意识以及运动员的思维能力等在赛场上也发挥着极为关键的作用。

第一节　篮球意识的基础知识

一、篮球意识的概念与分类

（一）篮球意识的概念

所谓的篮球意识指的是在长时间训练实践的浸润下，篮球运动员经过积极的思考，在其脑海中形成了一些具有规律性的技能。可以看出，篮球意识的形成展示出了一定的规律性，只有经过长时间的学习与训练之后，才能逐步形成一种经验，并且能够做出成功的判断。简而言之，在进行比赛的过程中，篮球运动员会对比赛中的各种客观规律产生一种主观上的认识，赛场上队员篮球意识的高低对于比赛的结果往往具有决定性的作用。

（二）篮球意识的分类

我们可以将篮球意识分为以下两种。

1. 篮球进攻意识

在篮球比赛中，进攻的技战术是决定比赛的重要因素，如果球员具有较强的进攻意识，那么显然会提高他们比赛的胜算，那么在进行篮球训练的过程中，教练员就应该进一步提高球员的进攻意识。

(1) 移动跑位意识

教练员应该让球员明确自己所处的位置以及进攻的路线等，对于球员而言，他们对于自己的每次运动都应该做到心中有数，这样就可以思考自己的移动是否是有效的，如果只是毫无章法的乱动，显然无济于事。

如果某些运动员的篮球意识并不强，那么教练员就应该采取一些措施，这样才能给对手带来一定的威胁感，可以选择在靠近对方篮下的一定区域内移动，这样就可以给对方更为紧张；如果要进攻就应该选择在那些具有攻击性的区域内活动，并且要选择自己最为擅长的手段采取进攻，直至把对手逼到不利的位置，从而逐步掌握比赛的主动权。

(2) 传接球意识

简单来说，我们可以把篮球运动看成是一种团队游戏。在整个的比赛场地中，球员们借助球的转移进而产生相互之间的联系，如果团队成员之间配合得好，往往就可以取得更好的比赛效果。对于球员而言，还应该随时注意同伴之间传来的球，选择合适的进攻方式，并将球传给伙伴。在灵活的传接球过程中，队员们可以不断改变自己的进攻方式，慢慢探查到对手在防守过程中可能会出现的问题，进而找到攻击的突破口。

(3) 投篮意识

决定篮球比赛成绩的是进球数的多少，我们可以根据双方进球的多少明确比赛的结果，显然，要想取得篮球比赛的胜利，就应该多培养队员们的投篮意识，训练他们养成正确的投篮方式。

2. 篮球防守意识

在赛场上，我们不能仅仅着眼于进攻，同时还应该注重防守，具体而言，可以从以下几个方面出发着手进行训练。

(1) 顽强防守作风

只有永不放弃才能取得最终的胜利，我们应该让运动员建立起坚韧防守的意识，在日常的训练过程中，教练员可以设置一些由小到大的困难，让运动员在解决问题、克服困难的过程中逐步磨炼自己的意志。还可以在运动员疲劳的状态下或者是极限的环境中训练运动员坚韧不拔的意志。

(2) 提高预判意识

在比赛中，哪方占据了好的防守位置，就可以更好地进行进攻，在猛烈地进攻中，对方球员往往就会有一些失误的可能性，所以我们就应该进一步提高运动员的预判意识，这样往往能起到事半功倍的效果。

二、篮球意识的特点与作用

（一）篮球意识的特点

1. 潜在性

人的那些有特定目的的行动往往是经过大脑的判断之后所作出的反应。在赛场上，运动员所面临的是复杂的赛场环境，他们就需要进行一定的推理与判断，从而确定自己的行动。篮球意识的形成，是运动员在长期的训练与实践过程中所形成，并且是逐步发展起来的。我们可以将篮球意识看作是一种特定的观念，这些留存在运动员脑海中的观念就是篮球意识，在平常，我们是无法直接读取到这些观念的，所以篮球意识就展示出了一定的潜在性，但是在篮球比赛中，这种篮球意识往往就可以通过运动员的行为展示出来。

2. 能动性

在具体的行动前，篮球运动员能够主动地去思考当前的攻守情况，他们可以在意识的支配下积极去调整自己的战术行动，这样就可以最大限度地发挥出自己的优势，从而让自己的战术、技术以及体能等都能在赛场上有用武之地。在处于弱势的状况下，运动员就可以将自己在个别环节上的优势进一步扩大，从而战胜自己的对手。

3. 连续性

在篮球比赛中，进攻与防守往往是无法割裂的，攻防的过程显然是连续的、不间断的。对于运动员而言，他们在赛场上的跑动、投篮等行为往往都是在自己篮球意识的支配下完成的。所以，他们在连续的行动过程中，往往就会产生一些有意识的活动，从而更好地支配自己的行为。

如果一次战术行动结束了，往往意味着下一次战术活动的开始，对于运动员而言，他们就应该在获得特定战术信息的基础上经过自己的深入思考从而确定某种具体的行为。在思维过程中，信息是非常重要的，如果没有信息，那么思维是无法进一步展开的。

4. 瞬时性

在比赛中，运动员做出各种进攻行为往往都是瞬间决定的，毕竟赛场上的氛围不容许他们在选择战术时浪费太多时间，一些好的时机往往稍纵即逝，所以对于参赛者而言，他们就应该拥有敏捷的意识，不管是观察还是决策等都需要瞬间完成。如果比赛进行得非常激烈，那么运动员往往是通过直觉的思维来对比赛进行判断的，所以，篮球意识也就带有了极强的瞬时性特点。

5. 择优性

在比赛的过程中，如果出现了某种战术局面，那么运动员就可以利用自己的篮球意识，从各种可能性中选择最好的那种办法，在进攻的时候就应该选择那些成功可能性较大的方法，在防守的时候则应该选择那些弊端更小的行动。

（二）篮球意识的作用

在球场上，运动员的一切行动都是在自身意识的指导下形成的，所以展示出了额外的一些作用。

1. 支配性作用

如果运动员的篮球意识比较正确，那么在日常的比赛中他们就会以潜在的意识去支配自己的行为，这样才能做出合理的判断，从而把握住赛场上的良好时机。对于一些优秀的球员来说，他们还可以通过积极的自主行动，从而为自己创造出合适的进攻时机，这样显然就更利于发挥出自己全队的特长。

2. 行动选择作用

在比赛的过程中，某一时刻所处的攻守情况并不是不变的，而是应该根据比赛的状况进行一定的区分和选择。在正常的情况下，运动员应该对自己当时所处的攻守状态有一定的了解，从纷繁复杂的情况中明确那些与自身行动更为密切的信息，这样就可以帮助他们做出准确的判断，从而为自己的攻防选择更为合适的对策。

3. 行动预见作用

篮球意识是对比赛中各种对抗场景的一种主动反应，运动员可以据此去判断攻守态势的发展趋势，通过对这种趋势进行判断，就可以选择更好的技术与战术。

三、篮球意识的测评

（一）篮球意识测评的意义

教练员在教学的过程中应该有意识地去培养篮球运动员的篮球意识，进一步改变他们的一些错误的观点，比如篮球意识是自然生长的，并且能够让运动员逐步培养起正确的观点。教练员如果能够对运动员的篮球意识做出一定的评判，那么显然就能对其进行有针对性的培养，从而更好地提高培养效果。

要想客观地去测评运动员的篮球意识，显然是进行有效训练的前提，在对运动员的篮球意识进行充分测评时，就可以明确其在篮球意识方面所存在的相关问题，从而有利于教练员制定出更为恰当的培养计划。教练员在训练的时候应该改变仅凭经验的做法，而是应该站在客观的立场，充分地对各种问题进行分析，从而培养篮球运动员的篮球意识。

（二）进行篮球意识测评需要遵循的原则

在运动员的大脑中，篮球意识显然是以主观的方式存在的。人并不能直接看到意识活动的相关内容，毕竟意识活动是在大脑中进行的，尽管如此，我们依然可以采用各种方法对篮球意识进行测评。在人脑中，各种意识的形成显然是由主观因素与客观因素共同导致的。尽管意识的形式是主观的，但是其却能反映出客观的内容，根据观察不同人的行动，我们也可以对其意识活动产生间接了解。

在篮球比赛中，运动员会对当前的比赛形势做出判断，但是往往决策的做出是瞬时的，这就是篮球意识的一种客观反映。那么行动的正确与否往往是我们进行测评的一个很重要的影响因素，也是测评活动进行的一项主要依据。

在篮球比赛中，每一名队员的行动都是战术的组成部分，并且带有一定的目的，这些行动之所以能够产生就在于运动员的篮球意识发挥出了作用。在赛场上，个人的行动并不是单独的、无意识的，所有的行动都需要集体的配合。

技术的合理运用与应变，是运动员战略决策的客观反映，球场上的运动员技战术的运用显然也会受到篮球意识的支配，那么我们并不能将运动员的每一个行动单独割裂开来，而是应该超脱技术的范畴，将他们看作一种篮球意识的积极反馈。

如果篮球运动员拥有较好的篮球意识，那么其行动应该是非常明确的，并且具有一定的目的性与创造性，通过对赛场上形势的分析能够做出最佳的战略选择，从而取得更好的比赛成绩。

（三）篮球意识测评的方法

目前，教练员在测评运动员的篮球意识时，大多是依靠自身的经验或临场技、战术行动效果统计分析，没有一种比较客观的量化性测评方法。通常采用战术录像片的方式，为运动员提供一些“逼真”的战术配合场景，让运动员根据战术场景确定自己的决策行动，以此考查运动员的意识水平。

对于教练员而言，他们往往会为运动员营造一种较为逼真的战术场景或者是相关的录像让他们根据当前的形势做出一定的选择，从而考察运动员的篮球意识水平如何。还有的教练员会选择战术配合示意图的方法来对他们的意识水平进行综合的评判，显然这种测评方式也是存在实战性不足的问题。

从测试的方法与内容上看，这些方法都存在这比较大的局限性，要想模拟出真实的赛场布局与赛场氛围显然是非常难的，毕竟篮球运动具有极强的对抗性，比赛中的状况也并不会按照人们所预料的态势进行，往往随时都会出现一些新的情况，所以如果是脱离开真实的赛场去谈篮球意识的测评，显然是不合理与不合适的，并且这种测评结果也并没有很大的意义。

运动员篮球意识的最终表现就是其行动，那么在进行篮球意识的测评时我们也应该遵循特定的原则，在测评其篮球意识的时候往往应该将其与比赛的实际进行结合，只有这样才能真正测评出篮球运动员的意识水平，这样的测评结果也才会显得有价值。

第二节　篮球意识的重要性以及影响因素

一、缺乏篮球意识所导致的问题

（一）缺失接、传球意识

在传球时需要运动员眼观六路，耳听八方既看到球的位置，也要观察到自己的队员和对方的球员的站位，并需要随时预判队友的走位和空间，做好随时接、传球的准备。许多篮球运动员在比赛过程中由于激烈的运动，又有比赛的心理压力，在传球接球的过程中把握不好时机，会导致接不到同伴传来的球，也找不到把手中的球在合适时候成功传给同伴以获取胜利的机会。没有良好的接、传球意识就会让胜利与自己的篮球队失之交臂。

（二）进攻和防守互相转换意识薄弱

作为攻防兼备的团体运动，需要掌控进攻意识和防守意识的积极转变。在防守时，根据现实比赛情况，看是自己这方拿到球进行防守，还是对方拿到球进行防守，要区分对方手上是否拿球，是不是在虚假传球。所以说在实际比赛时需要及时把握机会，在对方拿到球时做好进攻，在己方拿到球时做好防守，防守意识和进攻意识的及时转变，这样才能一举取得胜利。

（三）缺乏团队意识

赛场上的情况瞬息万变，会因为每个人微小的动作而引起整体结果的改变，所以篮球运动中团队意识是取胜的重中之重。很多篮球运动员不论是身体素质还是个人篮球技巧都非常优秀，但就是在比赛中无法获得优秀的成绩。这很大原因就是没有团队意识。篮球比赛时，上场一共五个人，大致分为中锋、大前锋、小前锋、后卫、组织后卫等五个角色。想要从对方手上拿到胜利的果实，众角色的配合缺一不可。当队员拿到球之后，后卫和组织后卫就可以根据情况迅速防守对方，以防对方抢球；而其他人可以根据球的位置以及对方防守情况进行及时的传球以及投篮。如果缺乏默契，不能根据队友的走位及时更换战术，很容易被对方篮球队抓住机会抢到球的控制权。所以即使再优秀的体力耐力再好的运动员，没有完整的团队配合，没有良好的团队意识，都很少会取得最终胜利。

二、篮球意识的重要性

随着经济的进一步发展，篮球运动员们的身体素质得到了进一步增强，加之有效的锻炼方式，他们的体能与以往相比也有了很大的提高，在比赛中，技战术也更为复杂，并且篮球意识的重要性也日益凸显，在很大的程度上，篮球意识对比赛产生了决定性的作用，所以，篮球意识应该引起更多人的重视。

三、篮球意识的影响因素

与意识的关系更为密切的心理因素便是记忆与注意，与此同时，在各种影响因素中，行动的重要性也不容小觑。篮球的意识品质与运动员的各种心理因素密切相关，只有对他们的记忆功能和注意点进行科学的分析，才能更好地培养他们的篮球意识。

（一）感知与注意

在篮球比赛中，运动员可以通过多种方式去判断赛场上的攻守，自己的视觉、听觉、触觉等都应该进行充分的利用，但是与之相对的，赛场上的信息是非常纷繁复杂的，哪些信息是有用的，哪些信息是起决定性作用的并没有告诉运动员，所以这就需要运动员拥有更高的注意指向与广度。

在各种感觉中，观察感觉是极为重要的，所以运动员就应该进一步扩大自己的视野范围，一般而言，在面对多种信息的时候，运动员就应该筛选这些信息，让那些有用的信息得以进入自己的意识领域。所谓的主观意向指的是对相关信息的取舍以及评价等。

在篮球比赛的过程中，篮球运动员的注意指向往往都集中对方球员所用的技术以及战术上，而将自己对球的控制等放在注意力的边缘。对于那些有用的信息而言，运动员就会将其送到大脑的高级神经中枢去分析，而对于那些并不重要的信息，则会交给较低的神经中枢。

在篮球运动的各种注意品质中，决定运动员洞察力的往往是其注意的敏锐性，对于优秀的篮球运动员而言，他们往往具有广博的知识视野以及更为扎实的基本功，这使得他们在赛场上能够找到最为有利的攻击机会，同时还能创造出更好的进攻机会。

在篮球运动训练中，有很多因素都会影响注意分配，比如手、脚以及腰等基本功的扎实程度。在赛场上，运动员需要用手运球移动，所以教练员就应该加强运动员手控制球的各项能力，如果他们的手上功夫很强的话，那么就可以自由地实现对球的控制，就算是对方球员采用了更为严密的进攻方式，那么他们也能做到自如的运球，并且让球处于自己的控制之下。在此种情况下，运动员的注意力并没有放在球上，而是更多地聚焦于对手，如果看到合适的机会来临时，就可以做出正确的判断。

（二）记忆与思维

在各种影响篮球意识的因素中，记忆和思维的作用也是非常重要的，我们可以将记忆分为两种，一种是短时记忆，一种是长时记忆。

所谓的短时记忆往往指的在记忆中停留很短时间的记忆，这些信息往往都是不重要的，在短时间内这些信息往往就会被别的信息所取代。在篮球比赛中，这些短时记忆往往是由那些没有价值的信息构成的。与之相对，长期记忆则是可以在人的头脑海中长期保留的记忆，人们在使用这些记忆中的信息时就可以做到随取随用。对于篮球运动员而言，占据他们头脑的长时记忆往往是由那些技术以及战术构成的。

在比赛中那些成功的体验也可以形成一些智能的模型，并留存在运动员的记忆中，如果这些成功的体验足够深刻就可以逐步储存在人的长时记忆中。当运动员再遇到类似的情况时，其头脑中的记忆就会被激活，从而引导他们做出正确的选择。

1. 篮球运动的相关知识

意识是有核心的，其本质是人们对客观存在现实的各种认识。要想让运动员拥有良好的篮球意识，就应该让他们深入学习各种篮球运动的知识，只有经过深入的学习，丰富的知识体系结构才能在他们的头脑中得以形成。

如果运动员掌握了相关的篮球社会文化知识，这样就能对篮球运动拥有正确的情感，并逐步培养起自己的实践动机，如果运动员掌握了比赛中那些特定的攻防技术，就可以灵活地进行运用，并调节自己的攻守行为。如果运动员能够掌握正确的技术方法，就能进行有意识的练习，从而可以让自己的水平得到最大限度地提高。

2. 临场实践对抗的经验和体验

在比赛中，实战对抗和临场体验都是非常重要的，并且具有只可意会不可言传的特点，在比赛中运动员往往都会积累到一定的经验，这些在实践中形成的经验往往更可贵，这些亲身体验往往会进入运动员的长时记忆。随着体验的积累，一些宝贵的经验也在逐步形成，如果在某些比赛中运动员碰到了类似的场景，往往就会将那些储存在自己头脑中的模型提取出来，从而产生一种特定的意识，引导他做出正确的决定。

（三）行动与反馈

在比赛中，运动员的行动往往是通过意向进行引导的，显然这对于行动的调节非常关键，如果运用那些非常正确的行动也可以影响篮球意识的形成，这二者之间是相辅相成的。

1. 行动受意向的指引

我们可以通过分析篮球运动员的攻守行动从而明确其篮球意识的状况是怎样的，在进行行动之前，运动员在下意识中就会产生出很多的行动倾向，这也使得行动展示出了极强的目的性。由于篮球运动比赛赛场上的情况是瞬息万变的，所以就应该让行动展示出明确的目的性。参赛的运动员可以保证整个攻守的大方向，同时选择出与目标最为接近的各种行动。

对于那些篮球意识水平高的运动员而言，他们在赛场上往往能够做出准确的判断并选择正确的行为，但是对于那些篮球意识水平较低的运动员而言，则其自身往往会存在各种各样的问题，从而经常采取错误的行动。

2. 行动需要体能、技能和意志力的保证

在相关战术的指引下，要想取得较好的比赛结果，那么还是需要一定的体能作为保障的。在赛场上，对抗是非常激烈的，双方不仅进行的是智慧的比拼，还是体力的比拼，如果一方球员的体力比较好，那么他们就会更有可能赢得比赛。所以如果仅仅拥有篮球意识但是却没有强大的体能做保障，那么在具体的比赛中也是难以掌握主动的。为了提高篮球意识水平，不仅需要多总结，还需要多提高自己的体能。

3. 无意识控制机能对个人技术、打法运用的控制

在学习篮球的初级阶段，运动员完成某个动作往往是受到意识的控制，对于学习而言这是一个必经的过程；如果经过了一定时间的训练之后，运动员的技术动作就会逐步成熟，那么这些动作往往就能脱离开意识的控制，进入无意

识的状态中。比如，对于一些优秀的篮球运动员而言，他们在进行抢篮板的时候，往往并不会刻意地去选择起跳的方法，也不会将过多的精力放在起跳的过程中，这些动作往往是一气呵成的，显然，他们的训练已经进入了较高的阶段。

技术动作的形成往往需要经过长期的练习，在练习的过程中，也是长时记忆形成的过程，当然，这里的记忆并不是对我们通常所说的语言以及词汇形态的记忆，而是对篮球运动中那些体验的记忆。之所以进行长时间的练习，其目的就是为了让这些篮球技能能够进入人们的长时记忆中。

在篮球意识中，有很大的一部分是由篮球运动员的无意识领域。所谓的无意识指的那些不需要注意来进行调节的控制机能。篮球训练进行到一定阶段之后往往就可以让运动员进入无意识的控制过程中，这也是我们评判篮球运动员竞技水平的一个重要因素。

在长期的训练与比赛实践中，运动员往往会积累出一些成功的经验与打法，在意识的主导下，他们经过一定时间的练习之后就会脱离意识的控制，这对于比赛是有促进作用的，这样运动员就可以将自己关注的重点落在那些更为重要的信息上。

可以看出，在篮球运动训练与教学的过程中，运动员无意识机能的发挥往往起着很大的作用，在长期的实践过程中，无意识机能会得到进一步发展，从而利于篮球意识的建立。

第三节　篮球训练中篮球意识的培养途径分析

一、提高理论素质，改善知识结构

随着现代科学的发展，不同的学科相互渗透，这种渗透对体育科学的发展也产生了重要的影响，并且推动着各项目的迅速发展。对于篮球运动而言，其发展显然也会受到其他学科发展的影响。只有运动员拥有较深的知识广度、较高的文化素养，教练员才能采用现代化的科学知识给予他们有针对性的培养。

篮球运动员的头脑中存在某些特定的意识，这是与其受教育的背景密不可分的。在当前的背景下，篮球比赛展示出了较高的集体性以及综合化，这就使得运动员在比赛时往往需要具备较高的才智，并且还应该掌握特定的知识基础，显然这对于他们篮球意识的养成是极为关键的。

篮球运动员意识活动的产生也是需要借助各种思维语言，比如各种概念、规律以及原理等，对于这些思维语言而言，都是涵盖在理论知识的范畴中的，并且建立在相关的文化知识基础之上。

在一定的时期内，理论知识的体系是非常系统的，这些知识对于我们而言具有一定的指导意义，同时也能够帮助运动员在较短的时间内掌握某些特定的知识，从而进一步推动他们篮球意识的形成。所以在进行训练的时候往往就应该重视对文化理论知识的传授，从而进一步提高运动员的篮球意识。

对于篮球运动员而言，他们所需要掌握的知识是非常丰富的，比如他们应该明确篮球技术以及战术等的相关特点以及规律等，同时还应该对裁判法有一定的了解，这样就可以辅助他们掌握特定的理论知识；除此之外，他们还应该掌握马克思主义哲学的相关理论，从而学会用辩证的方法看待问题；当然，如果能开阔自己的视野，多读一些兵法与战术等，也可以让他们进一步提高自己的创造力。

所以对于运动员而言就应该让他们多进行深入学习，从而提高自己的知识储备量，与此同时，还应该让他们多进行训练，只有这样才能让他们更好地将自己所学的知识运用到实践中，提高他们对知识的理解。

运动员篮球意识的形成往往不是孤立的，所以如果一门心思的只是为了培养篮球意识而不同步进行其他各项能力的提升，是无法达成既定的目标的。不管是运动员的观察分析能力还是教练员的综合实力等都是影响运动员篮球意识形成的关键因素。对于我国高水平的运动员而言，他们需要进一步提高自己的文化知识以及科技知识，对于一名优秀的篮球运动员而言，他们分析能力必然是比较强的。

二、运用技术训练提高篮球意识

（一）培养观察能力

要想培养运动员的篮球意识就应该注重他们观察能力的培养，显然这是形成篮球意识的一项很重要的条件。对于人体而言，他们会有一些机能性的反射，在很多的情况下，这些都是经由观察、判断之后的结果。

在比赛的过程中，对于任何技术动作的运用都是在瞬间形成的，留给运动员思考的时间显然是很短的，所以教练员在对运动员进行训练的时候就应该重视运动员观察能力的培养，从而引导他们能够形成仔细观察的能力。

在赛场上，很多的运动员也可以借助自己的听觉去判断球场上的情况，比如哨声、欢呼声等都可以作为自己判断的一种依据。但是赛场上的形势是瞬息万变的，在更多的情况下，运动员还是需要借助自己的视觉完成对周围情况的查看，从而捕捉到合适的战机。

在观察的过程中，运动员观察视野的范围也会影响其观察的效果，如果视野广阔就可以对整个的局面有一个更全面的评判，其积累的经验就会更准确。在日常的训练过程中，教练员还应该鼓励运动员用眼睛的余光来进行观察。

在比赛的过程中，运动员可以用眼睛的余光搜索对方球员球衣的颜色，这种颜色刺激的冲击力是比较强的，所以他们就可以借助颜色的移动去判断队友以及对手的位置及行动意图。

在日常的训练中，有很多优秀的教练员都会在墙壁上画出一些不同颜色的圈，将它们分成不同的攻防区域，从而培养运动员掌握扩大视野的方法。当然，我们不能将训练的重点全部放在扩大运动员的视野上，同时还应该进一步提高他们对距离的判断能力。在赛场上，距离也是影响比赛的一个重要因素，但是这一点往往却被很多人忽视了。

（二）凸显技术动作训练的个性化

在篮球运动的相关技术中，每个技术都是具有其自身的特点的，并且在比赛中往往也会展示出特定的价值，在训练的时候，教练员就应该将动作的特点阐明，比进一步提高对其应变意识的训练。

在篮球比赛中，赛场上的气氛是比较紧张的，如果没有扎实的技术，显然是无法正确完成特定的动作的，因为无法向更尖端化的方向发展。但是在具体的实践过程中，相关的动作是不能变的，对于同样的动作，在球场的不同位置以及不同条件下，都可能会导致动作形态上的差异，这就要求运动员应该熟练掌握相关动作，并且还应该以特定的方式去解决可能会出现的各种问题，在篮球意识的形成过程中，技术动作的练习显然是不可或缺的。要想抓住技术动作的相关特点，就应该注重篮球意识的训练。

在不同的条件下，相同的技术在运用起来也是存在差异的，尽管都是一些微小的差异，但是我们却不能忽视。这不是说我们可以放松公共训练，毕竟球场上相关动作的完成都是连续的，如果运动员只是进行简单动作的重复使用，显然就会让对手看出其中的端倪，对于这种毫无章法的简单技术的运用显然是无法赢得比赛的。所以在进行日常训练的时候，不仅需要重视进行个性化的训练，还应该进一步培养队员们的篮球意识。

（三）创造一定的对抗条件，培养“篮球意识”

每一项技能的获得都是由不熟练到熟练，由不会到会的，对于篮球运动的技术训练而言也是如此。

运动员掌握每一个动作的目的，都是为了能够进一步提高其攻击的能力与应变力，所以对于教练员而言就应该采用最为恰当的方式让运动员进行训练并能更好地掌握相关的动作标准。如果运动员能够明确相关的动作要求之后，教练员就应该进一步引导他们形成对抗的观念，在日常的训练过程中，教练员就应该进一步为运动员提供更为真实的训练场景，从而进一步巩固他们的技术水平，提高自己的篮球意识。

在练习传球技术时，教练员就可以创设让前锋给中锋传球的场景，在传球的时候要告诉队员应考虑的各个方面，比如自己防守的意图、对双方距离的判断以及预测对手的站位及可能的攻击方向等，这样就可以让球员完成传球路线的自我设计，并选择出最合适的对策。

在平时的训练中，教练员就应该让运动员拥有对抗的意识，并且让他们进行各种“对抗因素”的设计，从而将练、赛结合起来。只有在不断地强化与对抗的过程中才能进一步提高运动员的随机应变意识。

当然日常的训练可能并不会让球员形成某种特定的概念，其所形成的往往是一种叫“潜意识”的概念，教练员只有创设出真实的对抗条件，那么才能有助于篮球运动员篮球意识的形成。显然，这种训练方法能够让运动员感知到一定的赛场氛围，让他们能够进一步建立正确的战术意图。

（四）合理利用技术组合，培养“篮球意识”

在比赛中，我们往往要求运动员在运用相关的技术动作时应该结合不同的情况做出合理的变化，显然这是为了进一步培养篮球运动员的“位置差”“时间差”等，这样不仅可以让运动员拥有更好的攻击效果，还能进一步提高他们的技战术运用能力。

三、运用战术训练提高篮球意识

培养运动员的篮球意识，除了采用技术的方法，也可以辅之以战术训练，在进行战术配合训练时可以让队员明确自己在比赛中的主要职责，这样就可以进一步提高战术的灵活性。

进行战术训练的最重要的任务就是为了提高运动员整体的协作意识，让他们明确团队配合在整个比赛中的重要性。在进行战术训练的时候，教练员不仅需要培养运动员的篮球意识，还应该灵活设计各种各样的战术配合技巧，从而进一步提高运动员的篮球意识。

在比赛进行的过程中，运动员的所有行动都会展示出其特定的战术意图，篮球运动不仅考验球员自身的水平，同时也是对整个团队协作能力的一种考验，所以在日常的训练中，教练员还应该进一步提高运动员的战术思维意识，并注重对他们战术思维的训练。

对于篮球运动员而言，他们需要进一步提高自己的两项能力，其一是理论思维能力，其二是经验思维能力。所谓的理论思维能力就是用自己已经拥有的理论知识去进行思考；所谓的经验思维能力指的是从运动实践中去获得相关的经验，从而获得特定的赛场经验。除此之外，在一场比赛中，篮球运动员所用到的战术是极为复杂的，在面临特定的状况时，他们往往会以经验直觉的方式去解决相关的问题，这就是直觉思维的一种具体展现。

在进行篮球意识活动时，不同的运动员会做出不用的反应，所以对于赛场局势的改变也会产生不同的作用。当运动员采用理论思维进行思考时，其战术思维所展示出的是宏观上的作用；当运动员采用经验思维做出一定的决策时，多是凭借其累积的赛场经验。

在日常的训练过程中，教练员应该设计一种战术的基本模式，在这个特定的模式下，教练员可以根据运动员特定的战术行为，从而明确他们的选择是否是有效的。在做出思维决策的过程中，运动员应该让自己的思维语言发挥出自己特定的作用。

在篮球比赛中，对抗情况的变化是非常快的，当运动员处于赛场上不同的位置、面临不同的攻防态势时，显然不能采用同样的一种方法，而是应该慢慢找寻到一种特定的“思维模式”，随着不同情况的变化，运动员思维模式也应该发生一定的改变。

随着情况的进一步改变，战术思维决策的主次作用显然是富于变化的，在面临不同的情况时，我们就应该明确决定比赛走势的各种因素，进一步简化战术思维的相关过程，进一步提高战术思维决策活动的效率。

对于运动员而言，就应该在日常的训练中按照教练员的指导进行战术思维的培养，从而让他们能进一步提高自己的战术思维能力。反映到日常的战术训练中，教练员就可以有步骤地将各种战术以标准模式的方式传授给运动员，让他们在比赛的进程中能够总结经验，并获得提高。

总而言之，在训练的过程中，教练员就应该让运动员明确不同战术时机的运用技巧，这样就可以辅助他们找到赛场上合适的分工与位置。教练员还应该逐步引入一些现代化的新打法，强化针对性训练，这样才能进一步提高他们的战术意识。

四、运用心理训练，提高篮球意识

篮球意识的形成与运动员的心理因素密切相关，反映出的是运动员的心智能力，所以为了让运动员的篮球意识能够得到最好的发挥，就应该重视对他们心理素质的训练。

随着运动员技、战术能力的进一步形成，他们对篮球的认识也会进一步加深，当教练员再对他们进行认知以及心理等训练的时候，就可以让他们的心智能力得到进一步完善，从而为他们篮球意识的提高奠定基础。

通过特定的心理训练，可以进一步提高运动员的感知能力以及反应速度。在培养运动员的篮球意识时，需要对他们的专门化知觉能力进行进一步培养，所以，教练员就应该注重对他们临场感以及球感的培养。

运动员的反应速度会对他们的决策时间造成一定的影响，所以缩短应答的时间就可以进一步提高意识活动的效率。与此同时，教练员还应该注重运动员意志品质的提高，让他们拥有良好的心理调节能力，这样就可以让他们在比赛的过程中拥有更好的赛场心理。

在比赛期间，进行心理的训练是培养篮球运动员篮球意识的重要手段，进行充分的训练，可以使他们的心理处于一种更好的状态，这样不管是他们的控球能力还是控场能力等都能得到一定的发展。

五、培养篮球意识须注意的问题

（一）重视意识与作风相结合

在运动员的头脑中应该备好两项基本的精神素质，一种是篮球意识，一种是优良的比赛作风。

在我国的篮球运动中，需要秉承的十六字方针是“积极、主动、勇敢、顽强、快速、灵活、全面、准确”。这不仅仅是从我们的国情出发所制定出的特定方针，也是对我国过去赛场经验的总结，显然，这一方针不仅对技战术风格进行了概括，还对球队的比赛作风进行了总结。

从运动员所需要具有的精神面貌来看，“积极、主动、勇猛、顽强”是我们所追求的目标，而在这一目标的指引下，运动员需要用“快速、灵活、全面、准确”的原则严格要求自己，这进一步凸显出了我国篮球运动的特点。

可以看出，技术、战术的特点与作风之间的关系是相辅相成的，对于一位运动员来说，如果他没有良好的作风，那么在赛场上，篮球意识是无法得到具体体现的。如果没有篮球意识做指导，那么运动员自身的作风以及技术等的发挥也会受到限制。教练员在培养运动员的时候应该注重他们智慧的发挥，只有将智谋与勇武结合起来，才能培养出来更能适应赛场需要的人才。

只有保证良好的作风，才能让运动员能够敢于斗争，但是在一段相当长的时间里，很多教练员在开展训练的时候并没有正确地意识到其中所存在的辩证关系，这就导致很多的运动员在该拼的时候却没有足够的动力去拼，在抢篮板的时候却不知该如何智慧地去抢。导致这一现状不仅有技术方面因素的制约，同时还与平日缺少此种类型的训练有密切的关系。

(二) 提高运动员的素养，开展针对性训练

随着现代科学的进一步发展，这些学科对体育科学也产生了一定的影响，并且推动着各项体育运动进一步发展。对于篮球运动而言也是如此，它不仅受到了自然科学、社会科学的影响，同时那些综合学科也发挥出了自身的作用。一个运动员如果拥有广博的知识面，显然就能接受到更为全面的知识，教练员在开展教学训练工作的时候也可以向他们传授一些更为深入的内容。

在篮球运动员的头脑中是存在着一些特定的意识与功能的，这些意识的形成多是建立在特定的知识结构基础之上的。由于当前的篮球比赛拥有高度的集体化，并且展示出了极强的综合化特征，所以对运动员的各项能力都提出了更高的要求，所以掌握必要的基础知识对于他们篮球意识的形成至关重要。

对于后卫队员而言，他们应该机敏、睿智，善于组织并且富有谋略，对于中锋队员而言，他们应该拥有沉着冷静的风格以及团结协作的意识，只有这样，才能适应角色需要，让自己的各项才能得到发挥，并助力整个球队取得更好的比赛成果。

第八章　现代篮球运动训练的保障——运动员的营养、损伤和康复

对篮球运动员来讲，分析篮球运动的能量代谢需要和限制运动能力的能量代谢因素，以及推荐合适的营养品都是很重要的。篮球运动员在训练和比赛中承受着不同类型的运动负荷，从进攻到防守转换，以及从静止到快速冲刺，运动强度都可能随时改变，这与短跑和马拉松等周期性项目的比赛状况完全不同。篮球运动员在整个运动中，往往需要进行高强度或中等强度的运动。由于篮球运动的间断性特性，运动员的能力不仅在比赛接近尾声时会下降，而且在高强度运动一段时间后也会受到影响。这两种类型的疲劳都可能与比赛过程中的代谢过程相关。如何采取有效的预防措施，避免或降低运动损伤的发病率；应用科学的康复手段，改善和提高伤愈复出时的机能状态，是现代篮球运动伤病防治面临和需要解决的实际问题，这对确保运动员和锻炼者的身体健康，促进篮球运动发展具有重要的现实意义。伤病防治不仅仅是医务人员针对训练和比赛的保障工作，而且作为篮球运动的直接参与者，教练员和运动员在此工作中也发挥着不可替代的积极主动作用。本章主要论述了篮球运动员的营养、篮球运动的疲劳与恢复训练、篮球运动的损伤与预防、篮球运动员损伤的治疗以及康复训练等内容。

第一节　篮球运动员的营养

一、篮球运动员营养的基本要求

（一）合理的营养对篮球运动员的必要性

营养是指人体从外界环境中摄取食物，通过自身的消化吸收及利用食物中

的养料以维持生命活动的整个过程。营养对于篮球运动员的体能（形态、机能和素质）和运动竞技水平的保持与提高具有特别重要的意义。

篮球运动员从开始接受专项训练到成材，训练周期较长。运动员体能的好坏，除与遗传和后天的训练有关，还与长期摄取的营养合理与否紧密相关。因此，合理的营养是保证运动训练顺利进行的基本条件。

篮球运动属技能类同场竞技对抗项目，对运动员身体素质要求较高；特别是现代竞技篮球，完成一次大运动量训练或高强度比赛，运动员要消耗安静时的几十倍乃至上百倍的能量。因此在运动时，机体会发生一系列生理、生化变化。如物质代谢过程加强，热能及其他营养物质消耗增加，心理负荷加大，激素分泌增多，酶反应过程活跃，体液大量丢失和酸性代谢产物堆积等，使机体对各营养素的需求量大大增加。

我们中华民族有着传统的、为世界称颂的饮食文化，营养丰富的各种佳肴为我国人民和优秀的篮球运动员所喜爱。但随着运动科学的发展，我国传统的烹调习惯已暴露出不足，加上对运动营养认识上的偏见，使得篮球运动员也存在膳食营养不平衡现象。

体育科学研究表明，合理的营养是运动员取得优异成绩不可缺少的一个因素。为了更快提高我国篮球运动竞技水平，必须扬长避短，在饮食营养配制上改变传统观念，提高我国篮球教练员和运动员的营养意识，并将科学的营养观和营养配餐方法付诸实践。

（二）基本要求

（1）要配置营养师对运动员膳食进行搭配与调节。要求营养素要齐全，配比要适宜。所含热量应与运动的需要相适应。同时应根据各训练期的特点来安排膳食，使热源物质及其他营养素趋于合理。

（2）合理地补充维生素和矿物质。

（3）烹调方法要合理，要最大限度地保证食物中营养素不被破坏。米、面中的水溶性维生素和无机盐易溶于水，而易遭损失。如经过淘洗 VB 就可损失 30%~60%，VB_2可损失 23%~25%，蛋白质可损失 16%，无机盐损失 70%，米越清白，淘米次数越多，时间越长，水温越高，各种营养损失越多。蔬菜切碎再洗，浸泡时间越长 VC 损失越多，加温越高，时间越长，维生素也损失越多。煮骨头可加一点醋，使钙质溶于汤中，有利于钙的吸收、利用。熏烤肉、鱼，可增强防腐能力，并有独特风味，但易产生一苯等致癌物质，应特别注意。炒菜时急火快炒，可减少维生素损失。煮粥不宜加碱，以免破坏 B_1、B_2，面食也尽量用酵母发面，而不用碱或小苏打。

二、篮球运动员的营养特点

篮球运动高空争夺的对抗特征，要求运动员身材高大、粗壮（去脂体重大），灵敏性高。加之这项运动技术动作较为复杂，比赛中运动员需根据场上情况，随机应变自己的行动，身体接触频繁，攻守对抗激烈。比赛时间相对较长，在这相对较长的时间里伴有间歇的冲刺式的无氧运动，爆发式的跳跃和投掷，对运动员力量、速度、耐力、速度耐力、灵敏等方面素质有较全面的要求。因运动强度和运动量都比较大，故热能消耗也较多，为此形成自己的营养特点。

（一）篮球运动员的营养基本特点

（1）膳食供应要丰富，营养要全面，要保证能量消耗的补充。三大能源物质的比例应符合篮球运动供能特点。每天膳食中三大营养素一般应为：糖占55%，脂肪占25%，蛋白质占20%。

（2）膳食中应供应丰富的B族维生素和维生素C，以及钙、磷、铁等富含矿物质的食物。

（3）运动员每天进餐次数比常人多，而且要少食多餐，要保持膳食平衡。这样既利于消化吸收，又能保证身体能量的充足，以适应大强度的训练与比赛。

图8-1为金字塔式图，详细地介绍了不同食品以及每天应食用次数。

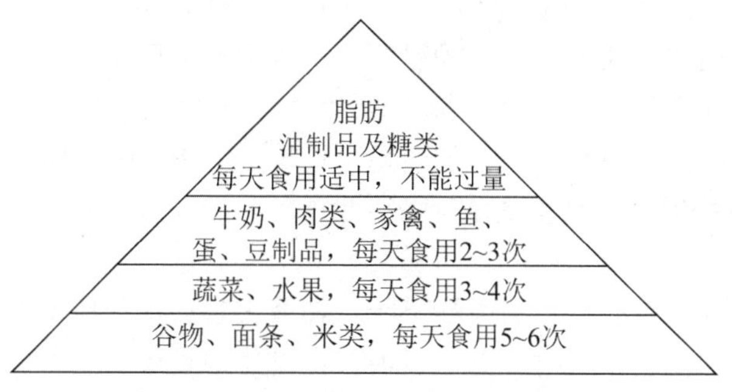

图8-1　篮球运动员每日进餐指南

（二）篮球运动员比赛期的营养特点

篮球运动员在比赛期随着比赛的临近，大脑皮层进入兴奋状态。表现为：精神紧张兴奋加剧，神经能量消耗很大，消化功能有可能减弱。因此，比赛期的营养有其特殊性。比赛期的营养一般包括比赛期前、比赛期间和比赛期后三个阶段。

1. 比赛期前的营养

大型篮球比赛的赛期相对较长，一般赛前十天左右为减量调整期，突出强度而量较小。这一阶段的营养特点是：膳食中热能供应随运动量的变化而减少，以保持适宜的体重和体脂，原则上赛前一周不使用任何新的食品。运动员到达赛地后，尽快使机体适应新的作息与饮食制度，提倡少吃多餐，吃容易消化和含糖量高的食物，适当增加高蛋白性食物，减少脂肪的进食量。多吃富含矿物质的食物和新鲜蔬菜水果，提高碱储备。每日维生素 A、B_1、B_2、C、E 等可增加到平时 1~2 倍的量。除膳食外，可补充维生素制剂。

为了增加运动员的糖原储备，可采用糖原填充法，即赛前一周逐渐减小运动量，前三天吃普通膳食（糖热能比 50%），后三天给予高糖膳食（70%），使运动员肝糖原、肌糖原获得超量恢复。

食物的消化吸收，依据食物种类及食用量的不同而有差异。一般需要 1~4 小时。脂肪与蛋白质的消化需 3~4 小时，碳化物需 1~3 小时。如果胃内的食物没能消化的话，会引起肠胃道与身体其他运动肌肉群之间争夺血液流量，这样不但会影响肠胃道及运动肌肉的有效发挥机能，有时，还会造成不消化、痉挛、恶心及呕吐现象。

对于赛前一餐，总的原则是：不妨碍比赛时机体的各种生理应激，有利于体内的代谢进行。具体要求是：为了确保食物的消化吸收，赛前的进餐应在比赛前的 3~4 小时。食物体积要小，含能高，易消化，合胃口，以七成饱为宜。不吃辛辣类、豆类、韭菜、芹菜等粗纤维、难消化、刺激性大、易产气造成腹胀的食物。膳食中的热源比例，以高糖、低脂、低蛋白为宜。赛前可吃糖，服糖量不超过 50 克，赛前 2 小时或赛前即刻吃。此外，还可服用维生素 C，用量为 190~200 毫克，在赛前 30~40 分钟时服用。

2. 比赛期间的营养

随着比赛的进行，运动员大量出汗，体液丢失，体内能源消耗增加，血糖水平降低。因此比赛中及时补充水、糖和矿物质很重要。实践中，常补充含糖和矿物质的饮料。应注意的是：大量出汗，使运动员的体液处于相对高渗状态，所以补充的饮料应是低糖和低渗透压的——电解质饮料。方法是少量多次。有实验证明，理想的饮料，渗透压浓度为 250~370 毫渗透压，糖浓度小于 8%，糖组合为 2~3 种，可运转糖，这利于小肠吸收进入血液。

中场休息时要吃些流体食物。不要饮用或食用含糖过高的水及食品。如果有饥饿感，可少量吃点水果或面包，但千万不可暴食。同时，不要食用以前没品尝过的食物，根据自己的习惯和经验，可有选择地补充。

3. 比赛后的营养

比赛后特别是大强度比赛后，除了补水和矿物质外，应即刻服用 100~150 克葡萄糖，对恢复血糖水平和减少血乳酸含量均有良好作用。赛后两三天内，膳食应维持较高热量，富含易吸收的糖和蛋白质，脂肪含量要低，补充维生素和矿物质。

对于职业联赛，打一场要休息 3~4 天，再打第二场，有必要在赛后第一天，给予高糖膳食，以加速糖原的恢复。

4. 不同环境下的营养特点

随着篮球运动的普及和篮球竞赛主客场赛制的实施，训练和比赛会在不同的地区，如高原、寒冷或炎热的环境下进行，这时篮球运动员的营养除要遵循一般原则外，还应考虑环境给人体机能带来的影响。

（1）高原环境

高原环境具有低压、低氧、寒冷、日照时间长、日夜温差大等特点，其中对人体影响最大的是由于大气压力降低所致的低氧。这种低压低氧的刺激会导致人体生理功能及运动能力产生一系列变化。由于气温低，运动员身体散热增加，对热能需求量增加。又由于高原环境缺氧，使运动员处于应激状态，导致糖贮备减少，血糖水平下降，蛋白质和脂肪代谢加强。因此，运动员热能供给量除根据运动量和强度外，应在原基础上额外增加 7%~25%，膳食应采用低脂和高碳水物营养。其中蛋白质应增加为总热量的 13%~15%，脂肪占总热量的 20%~25%，增加维生素 B_1、B_2、C、E。

（2）寒冷环境

在寒冷环境下，由于体热较易散发，代谢率增加，热能消耗大，因此运动员膳食中热源物质的量应有所提高，适当增加肉类，以保持能量平衡。运动员对维生素 B_1、B_2、C、E 等需求量增加，它们能促进能量代谢和激素分泌。此外，在供给的饮料中糖浓度可增加至 15%。

（3）炎热环境

在炎热环境下，由于环境温度高，导致运动员热能代谢率增加，出汗率增加，体内的微量元素（如钾、钠等）和维生素不同程度受到损失，运动员的食物中枢兴奋降低，唾液、胃液及胰液等消化液的分泌减少。因此，对运动员的膳食安排、调配应多样化，清淡可口。餐前可备些冷饮、菜汤、肉汤、绿豆汤类以解除饮水中枢兴奋，促进食欲，还可以采取一日多餐制，以满足运动员对热能的需求。膳食中应增加蛋白质的供给量，减少脂肪比例，使蛋白质的供给量达总热量的 15%，具体可选用一些瘦猪肉、酱牛肉、鱼肉、鸡肉和豆制品。另外在膳食中，应多选用生冷蔬菜（多用绿叶菜）和新鲜水果，并补充维生素 B_1、B_2。此外，有组织地合理补充液体在炎热的环境下具有特别重要的意义，训练或比赛前后由于水分的丢失而使体重减少，为了维持运动员的运动能力，补充液体十分重要。一般至少在下一次训练或比赛前要补给 80%。估计补液量可以用以下公式来估算，即：比赛前体重-比赛后体重=失去的体重=汗重=需补充的液量。

三、篮球运动员的体重和饮食营养

现代篮球运动员理想的体重是既强壮，又灵敏、协调，跑得快、跳得起来。体重过大或过轻都会影响运动员在场上技术的发挥。那么何为篮球运动员理想的体重呢？由于身高、性别等因素，单从体重这一指标难以科学界定篮球运动员体重是否理想。目前，较为常用的是“体脂”水平，也就是脂肪与体重之比。大量资料表明，优秀男性篮球运动员的脂肪与体重之比，应在 6%～8%；优秀女性篮球运动员的脂肪与体重之比，应为 12%～15%。如果比重超过了 15%（男性）或 20%（女性），就应该重新调整制订饮食计划。饮食计划的调整应有科学的依据，不可盲目地选择降低或增长体重的食谱。

（一）减体重

有些运动员不注意饮食卫生，常常暴饮暴食，加之热量消耗不够，以致造成体重过大，影响训练及比赛效果。如果想要降低体重，首先要有耐心，切不可操之过急，降体重毕竟非一朝一夕之功，需持之以恒，每天坚持方能达到良好效果。理想的方法是，一星期降低体重最多不超过 1 千克（相当于亏空热能 7 000～8 000 千卡）。

人的体重由肌肉、骨骼、内脏、体液等瘦组织成分及脂肪组织成分两部分组成。理想的减轻体重应是减去多余的脂肪而不是瘦身组织和体液。人体在热能摄入量和消耗量相等时，体重保持稳定。依据这一原理，必须使热能摄入量小于消耗量，即造成热能负平衡状态才能减轻体重。但达到这一目的，并非简单地让你忍饥挨饿，最重要的是调整饮食结构，讲究合理科学配方。一味地追求控制饮食，不但达不到效果，反而会使你的身体虚弱乏力，甚至营养不良，严重者会导致身体系统失调，有碍身体健康。

减体重期间下面几种情况需引起注意：

第一，如果发现腰部日趋增粗，说明体重过剩。

第二，如果感觉上认为体重增加尚可，但体重增加后，场上跑动速度下降，移动笨重，反应迟钝，那么说明这部分增加的体重是多余的。

第三，如果自认为体重减少尚可，但力量水平明显下降，说明你降的不是脂肪，而是肌肉。

如何降低体重：

饥饿控食不是降体重的良方。那样做，只能减少体内的水分、肌肉及能量。下列几点措施手段，对于降低体重非常有效。

第一，明智的饮食，食用低热量的食物，少吃肉食，多吃合成碳化物食品。不能减少正常的进餐次数。

第二，每天进行至少 20 分钟的有氧运动，运动量在中等以上。

第三，参加多种锻炼活动，像徒步行走、慢跑或自行车运动。

第四，正常进餐时，选择低脂肪、无糖及碳化物含量较高的食品及适量的蛋白质。

第五，需要说明的是，降低体重主要针对体内多余脂肪而言。如果能将体内的脂肪转变成肌肉，体重稍降甚至没降，也是一件好事。1 千克肌肉和 1 千克脂肪相比，虽然重量相同，但脂肪在体内所占空间要比肌肉大得多。

（二）增加体重

许多运动员，一般都想增加体重，使自己在场上看起来更加强壮。但是，增加体重的关键，在于使肌肉更加强大结实，而不是增加脂肪。任何成功地增加体重的方法，都离不开饮食、力量训练和遗传这三个因素。

1. 饮食

要想增加体重，人体摄入的热量物质，一定要大于消耗。也就是说，你必须食用更多的食物。每天多吃肉类或甜食，可以提高热量的摄取，人体每增加 1 千克肌肉约需要有 700 千卡的热能正平衡。你如果每天多摄入体内 700 ~ 1 000 千卡的热量，那么，一个星期就可以增加 1 千克体重。

2. 力量训练

运动员在增加热量摄取的同时，配合相应的力量训练，才能增大肌肉块。如果只增加热量的摄取，而不增加力量训练，那么，增加的只能是脂肪，而绝非肌肉。一定要牢记这一点。只有这样，才能真正达到有效地增加“体重”的目的。

3. 遗传

遗传是增加体重的另一因素。运动员之间遗传因素不同，增加体重的快慢亦不相同。所以，针对不同对象，要区别对待。有的队员增加体重的效果或许不明显，这可能与遗传因素有关，不要气馁，每天按计划进行，相信最终会有令人满意的结果。

第二节 篮球运动的疲劳与恢复训练

一、篮球运动疲劳的主要诊断方法

在篮球训练、比赛后，对篮球运动员及时、准确地诊断是进行有效恢复的基本保证。采用何种诊断方法，应根据训练的具体情况而定。一般篮球运动员疲劳诊断可采用以下几种方法。

（一）教育学观察和自我感觉法

教育学观察是指在运动训练或比赛中，教练员可以通过运动员的外在表现，来判断运动员的身体状况。如发现运动员面色苍白、行动迟缓、技术动作效果差（如投篮命中率、传球准确性下降等）、注意力不集中、战术意识下降、对抗能力和意识下降等，可初步判定其已疲劳。

自我感觉是指运动员根据自我感觉来判断自己是否疲劳。因为人身体的各部位是一个有机整体，一旦身体某一部位不适就会立刻报告给大脑并做出表象反映。主观体力感觉等级表（RPE）认为：在运动时来自肌肉、呼吸、疼痛、心血管各方面的刺激，都会传到大脑，而引起大脑感觉系统的应激。因此，运动员在运动时的自我体力感觉，也是判断疲劳的重要标志。RPE 的具体测试方法是：在运动现场，放一块 RPE，锻炼者在运动过程中，指出自我感觉是第几号，以此来判断疲劳程度。如果用 RPE 的编号乘 10，相应的得数就是完成这种负荷的心率。

在实践中，注意将教育学观察与自我感觉相结合，效果会更好。

（二）运动医学检查

（1）血红蛋白检查法

血红蛋白是红细胞中的含铁蛋白，又叫血色素。运动员身体机能良好时，血红蛋白增加或正常，若运动员过度疲劳，就会造成血红蛋白下降。

（2）龙伯格姿势稳定性测验法：运动员站立，闭目，两臂前伸，十指张开（两脚成一直线，一脚尖抵向另一脚跟），测出稳定的时间与何时出现震颤。疲劳时稳定时间缩短，手指出现震颤。

（3）哈佛台阶实验法

受试者以每分钟 30 次的频率持续 5 分钟，负荷结束后，令受试者坐在椅子上，测试恢复期第 2、3、4 分钟每分钟前 30 秒的脉搏。（台阶高度，男子为 50.8 厘米，女子为 42.6 厘米）

①评价标准：按下面公式计算，指数越大，表示机能越好。

台阶指数=登台阶持续时间×100/2×三次脉搏之和

②优：大于 90；良：80~89；中：65~79；下：55~64；差：小于 55。

此外，还有血乳酸、肌酐、最大吸氧量等检测法。

（三）生理学指标测定

（1）肌力测定：通常用握力计、背力计进行测定。可早晚各测一次，求出其数值差。如次日已恢复，可判断为正常肌肉疲劳。运动引起的疲劳可使肌力下降。

（2）呼吸肌耐力测定：连续 5 次测肺活量，疲劳时肺活量值明显逐次下降。

（3）膝跳反射阈值：疲劳时阈值升高。

（4）反应时：疲劳时反应时延长。

（5）憋气测试：呼气后憋气。运动员机能状态良好时，呼气后能憋气 60~90 秒；疲劳时，这一时间大为缩短。

二、篮球运动的恢复训练

现代高水平篮球运动员同其他运动项目运动员一样，要想提高运动竞技水平，取得好成绩，大运动量、高强度训练、比赛不可回避。有运动负荷必然产生疲劳，因此，负荷和疲劳的恢复始终是运动训练过程中两个紧密相连的过程，它是决定训练成效的两个基本因素。

（一）篮球运动恢复训练的基本原则

1. 系统性原则

作为一名篮球教练员，应根据不同的训练阶段、不同训练周期、不同训练课、比赛赛季任务，系统地、有计划地从训练安排、生活制度、营养卫生、医务监督、恢复手段等全面考虑运动员的恢复。重视与认识人体是一完整的有机系统，大负荷引起疲劳的发生和发展不是单一因素造成的，它往往是多因素综合变化的结果。因此，恢复也应全面、系统地进行。

2. 针对性原则

进行恢复要有针对性。贯彻针对性原则有两层意思。一是要针对不同训练与比赛阶段课的目的、内容和负荷的性质来选择不同的恢复手段。二是要针对运动员不同个体，选择不同的恢复手段，就是使用同一种恢复手段，在具体操作上也应有所区别。

3. 实效性原则

采用何种先进的恢复方法、手段，都要以运动员实际恢复效果来决定。因此，教练员应在平时训练、比赛过程中，对不同训练负荷，采用恢复方法、手段进行生物学监控，通过科学的检测，加以比较、选择和总结，找到最有实效性的恢复方法，提高恢复效果。

（二）篮球运动员疲劳恢复的方法

1. 教育学恢复方法

教育学恢复方法主要用于整个训练过程、单元训练过程、单元训练之间的间隔时间，具体过程如图 8-2。

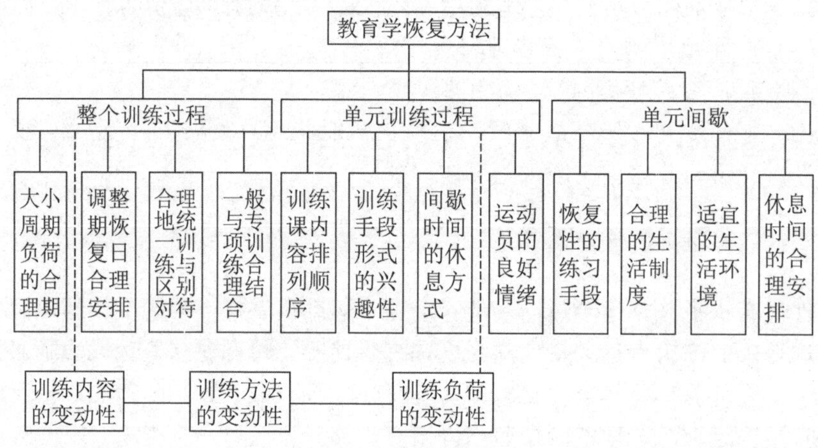

图 8-2　教育学恢复方法

（1）准备与放松活动

①准备活动

在教育学恢复措施里，要特别强调训练、比赛前的准备活动，准备活动应根据课的基本部分内容，采用一般性准备活动与专项性准备活动相结合的方法，这样有助于改善运动员工作状态，提高训练效果，延缓疲劳发生。一个完整的准备活动一般需要 20~30 分钟，通常包括三个阶段。

第一阶段是指一般性准备活动，主要是使运动员身体预热，其内容主要包括慢跑及简单的跳绳等。这些活动大约持续 5~10 分钟，直至身体开始出汗为止。

第二阶段是指伸展练习，包括全身各主要肌肉群的静态和被动伸展。这一阶段大概持续 10~12 分钟。

第三阶段主要指动态伸展，分为原地及移动中的伸展练习，需要 5~7 分钟。全部内容结束后，运动员应已经充分地做好身体准备。

②放松活动

准备活动是运动员为训练及比赛做好身体准备，而放松活动则是为了使身体快速恢复到正常的安静状态。首先，通过积极的放松活动，有助于肌肉快速恢复，以防再次训练或比赛时肌肉会产生紧张痉挛及损伤。通过放松活动，可增加体液循环，使身体肌肉细胞恢复体液、电解质、酵酶及营养成分的平衡。这对于每天训练多次的运动员来说尤其重要。其次，从能量代谢上看，篮球运动属于无氧供能项目。经过高强度的剧烈运动后，血液和肌肉内会产生乳酸。运动员肌肉细胞及血液内会产生大量的酸性物质。放松活动可使运动员体内的酸性浓度快速恢复到运动前的正常水平。增强体液循环，有助于将氧和其他营养成分迅速输送到血液及肌细胞，并排出废物及恢复能量。因此，训练或比赛后，积极的放松整理活动，是消除疲劳、恢复体力的有效手段。

放松活动一般是指运动后 5~10 分钟的轻松练习。通常的放松整理活动包括慢跑、呼吸体操和一些伸展练习等。你可以根据自己的实际需要，来设计制订符合自己的放松活动内容，并将该内容列入训练计划。

（2）训练或比赛中的恢复方法

在训练以及比赛的过程中，会有一些空闲出来的时间，这些时间尽管比较短暂，但是对于运动员而言却可以利用这些时间进行休息与调整。以站姿为例，他们可以改变原来紧绷的身体状态，而是采用一些更为松弛的方式对站姿做出调整。一般而言，站立时应该两脚分开，让身体的大部分重心落在自己的后腿上，两肩和腰部要自然放松。运动员也可以不固定站位，而是选择来回走的方式，逐步进行两腿之间重心的转换，同时还应该辅之以呼吸进行调整。在半场休息的时候就可以采用坐姿，从而让下肢能够得到更好的放松。

上面的这些方法都是非常简单的，并且操作起来也并不复杂，但是却可以更好地进行修整。具体到训练的过程中，如果到了训练的间隙，运动员就可以借助这短短的时间多进行深呼吸，从而进一步锻炼自己的肺活量，也能让自己的身体处于氧气充足的状态。在做深呼吸的时候，运动员应该让自己的身体处于放松的状态，两条手臂应该是自然下垂的。

（3）保障睡眠的恢复方法

睡眠是最有效的自然恢复方式。人在进入深度睡眠的时候，其大脑皮层的兴奋度是比较低的，这就使得体内的代谢往往处于比较低的水平的，但是对于那些合成代谢而言却往往比较多样化，显然这样就更利于人体内部能量的累积。对于不同年龄阶段的人而言，他们需要的睡眠时间是不同的，对于运动员而言，应该保证每天 8~9 小时的睡眠时间，如果遇到训练量增大的情况，还应该进一步延长睡眠的时间。为了保证正常的睡眠，应注意以下几点：

第一，睡前 1~1.5 小时应停止娱乐活动（如看电视、打牌、看小说、嬉闹等）。

第二，睡前 2 小时应停止进餐（包括喝饮料等），但可喝一点热牛奶，牛奶有助于睡眠。

第三，睡前房间的光线应保持柔和，不要过亮。

第四，房间床头可放一些水果（如苹果）或洒一些类似芳香剂。因水果的芳香有助于运动员入睡。

第五，睡前运动员可做一些自我暗示或导引功，以达到催眠的目的。

第六，可请医师使用催眠术，帮助诱导催眠。万不得已也可在医生指导下服用安眠药入睡。

2. 医学生物学恢复方法

(1) 水疗法

在各种恢复手段中，水疗是比较常见的，相较而言，水疗的方式也是多种多样的，下面进行简要介绍。

第一，盆浴（浸浴）：所谓的盆浴法制的是在热水中进行浸泡的方式，一般可以将水温控制在 70 °C，保持浸泡时间在十分钟至三十分钟之间。经过浸泡之后再进行淋浴，则会取得更好的恢复效果。水是具有一定的浮力的，并且热水也能起到促进血液循环的作用，从而可以进一步提高睡眠质量。

第二，桑拿浴：桑拿浴自古流行于北欧，目前我国许多训练基地已配备。桑拿浴可促进全身血液循环，放松全身，使人精神爽快，消除疲劳。但每次的时间应根据训练后运动员的情况而定。

总之，水疗简单易行，若再结合浴后按摩，恢复的效果会更好。

(2) 按摩

在我国按摩的历史是比较悠久的，在传统中医理论的指导下，通过按摩可以起到舒筋活血的作用。从科学的角度出发，经过按摩之后人体的毛细血管就能得到扩张，从而让局部的血液循环通畅起来，显然可以进一步消除肌肉中的一些代谢产物，并起到舒缓疼痛的作用。

对于篮球运动员而言，对他们进行按摩的最好时机是在沐浴后。在按摩的时候应该注重对其腰背肌群以及肩带肌群等的按摩。对于不同的损伤，按摩的力度以及深度等都是存在差异的，所以在进行按摩的时候应该从轻按开始，逐步加强力度。同时，为了达到更好的按摩效果，还可以辅之以拍打等方式，让运动员的肌肉得到更好的放松。

（3）服用药物

有资料研究表明大强度训练和比赛后，运动员睾酮会出现衰竭。对此，可采用服用中、西药的方式进行恢复，中医讲补肾、益气、助阳、滋阴；西医讲促酮，其作用与中医异曲同工。药物可以补肾安神、改善睡眠，能有效解除疲劳，而实验证明采用静脉注射5%的复合氨基酸，能快速消除运动疲劳。但是在服用药物的时候应该注意，第一，所选择的药物不能是那些违禁药；第二，在服药的时候应该遵医嘱，而不是吃得越多越好。

（4）吸氧

在比赛之后，篮球运动员可以进行吸氧，这可以快速地提高运动员身体中的含氧量。如果他们血液中的二氧化碳浓度处于一个较低的水平，显然会让体内血液的Ph值处于一个较高的数值上，提高体内氧气含量，还可以进一步消除疲劳。在外出比赛的时候，运动员还可以自己备好小的氧气瓶。

（5）理疗

接受理疗可以促进血液循环，并进一步提高身体的各项技能，对于消除运动性的肌肉疲劳，理疗的效果是比较明显的。

（6）针灸与气功

如果肌肉处于疲劳的状态，可以采用针刺穴位的方式帮助运动员消除疲劳，如果是全身疲劳则可以用针扎强壮穴足三里。调息补气功，经实验是一种较好功法。

3. 心理学恢复

所谓心理学恢复法指的是通过对大脑皮层的相关机能进行调节，从而可以达到消除疲劳的目的，可在室内运动场上进行，也可在宿舍里进行。环境要求温暖、舒适、安静，没有直射的阳光。其一般程序是教练给予一定的语言诱导，让运动员按照固定的步骤进行身体的放松。

做完整套的练习动作大概需要花费半个小时左右的时间。诱导词如下：

放松练习现在开始。

排除一切杂念，用腹部进行深呼吸。

我正在放松、安静……

我的右臂完全放松了，我的右臂感到沉重。

温暖和舒适……（重复三遍）

我的左臂完全放松了，我的左臂感到沉重。

温暖和舒……（重复三遍）。

教练员按上述方法顺序发出“放松右脚”“放松左脚”“放松头部”“放松全身”。若在练习的同时，配上舒缓的音乐，效果会更好。

第三节　篮球运动的损伤与预防

一、篮球运动的损伤

（一）篮球运动常见损伤的种类

1. 扭伤

在篮球运动的各种发病因素中，扭伤的发病率是非常高的，对于那些轻症而言，往往会导致韧带撕裂，但是那些严重的则会让韧带直接断裂。扭伤的发生大概率与运动员的突然转身或外界冲撞有关。这会使得关节活动超过其生理的承受范围而造成软组织的损伤。

2. 拉伤

在日常的运动训练或者是比赛中，由于准备活动的不充分或者是没有做出正确的技术动作，往往就会导致运动员的肌肉产生拉伤。如果运动员突然发力，那么肌肉就会被强烈的拉动，就可能会超过运动员所能承受的范围，从而导致肌肉断裂或损伤。

3. 挫伤

在篮球比赛中，如果运动员遭受到了外部暴力的撞击，往往就会产生挫伤。随着比赛的进一步进行，整个赛场上的氛围就会更为紧张，双方队员之间身体上的碰撞概率会大大提高，如果遭到了对方球员膝盖或肘部关节的顶撞，运动员往往就会受伤，同时如果在接球的时候没有控制好手的方向，也可能会导致其手指受伤。在比赛中，挫伤发生的可能性会大大提高。

4. 陈旧性损伤

陈旧性损伤指的是之前受过的伤没有经过及时的救治从而导致的一些慢性损伤，在临床上多表现为疗效差与病程长。此类损伤往往多出现在那些老运动员身上，这显然会在一定程度上影响这些老运动员水平的进一步发挥。

5. 骨折和脱位

在篮球比赛与训练的过程中，运动员需要做一些抢篮板的动作，起跳之后的落地如果把握不好就会导致骨折。在落地之后，如果没有做好保护动作，还有可能导致韧带的断裂。

（二）篮球运动常见损伤的病因

1. 篮球运动常见损伤的外在病因

（1）间接作用力

在篮球比赛的过程中，队员们之间身体的碰撞是非常频繁的，并且展示出了较强的对抗性，在一些间接力的作用下，篮球运动员的软组织就会受伤，对于那些严重的往往就会导致骨折。

运动员因间接作用力而受伤的最主要原因之一，是队员缺乏自我保护意识和行之有效的自我保护专门训练。

（2）慢性劳损

如果运动员身体的局部活动过度，或者经过长期的负荷练习之后，就会在外力的作用下慢慢受到损伤，这些损伤如果经过一段时间的积累之后就会慢慢形成累积性损伤，显然那些老队员的发病率是比较高的。慢性劳损容易反复发作，也并不好治愈。除了比赛原因，如果是经受了不科学的训练或者是重复受伤，慢性损伤往往也会反复发作。

（3）直接暴力

直接暴力导致的伤情往往具有突发性的特点，这些损伤有时候是由对手的一些无意识的动作导致的，有些则是对手故意冲撞造成的，一般而言，冲撞的着力点往往是手肘与膝盖，从而会导致其身体某个部位的损伤。损伤的类型多是挫伤，并且会伴有血肿。

（4）教练员科学训练水平不高

由于在训练的时候存在科学化水平不高的状况，所以就会使得一些年轻的运动员往往更容易发生运动损伤。很多的运动员在完成动作的时候存在动作不规范的情况，不仅肌肉收缩的协调性差，同时还缺乏一定的自我保护能力，所以他们受伤的概率会更大一些。对于那些年龄小、动作慢的球员，教练员更应该注重对他们进行协调性的训练。

2. 篮球运动常见损伤的内在病因

（1）运动员生物学机能状态不佳

如果运动员在训练的时候经受了过度训练，或者是女性运动员处于月经期间，那么他们的身体机能往往会处于一种比较低的状态下，在训练的时候也会存在注意力不集中的情况，从而让自己的动作协调性显得不那么好。如果在赛场上，激烈的对抗往往会加大损伤发生的可能性。除此之外，如果在日常的大量训练中，运动员的心血管系统承受的压力也是比较大的，出现过度疲劳状况的概率也是比较大的。

（2）肌肉收缩力

对于年轻的运动员而言，他们发生肌肉收缩力损伤的概率是比较大的，导致损伤的原因往往是由于队员技术动作不合理或者是肌肉收缩不协调。受伤的主要原因都是肌肉拉伤。

（3）缺乏充分的准备活动和整理活动

只有在比赛前充分做好各种准备活动，才能更好地预防运动损伤的产生。在赛前的准备阶段，运动员就应该让自己的身体得到充分地放松，大部分损伤产生的原因都与运动员没有做好热身相关。尤其是在一些环境温度较低的状况下，运动员的肌肉都处于比较紧张的状态下，这就会加大拉伤的可能性。

比赛一旦开始，随着双方比拼，往往会让运动员的生理负荷在短时间内快速拉高，如果内脏机能跟不上运动系统的需求，就会可能出现“极点”的情况，这对于他们技战术水平的发挥显然是不利的。只有做好充分的准备活动，才能尽快地唤醒内脏机能，将这种不良影响降到最小。

在经过了高强度的训练之后，教练员也应该重视整理活动，这显然也是获得更好训练效果的保障，这样可以让肌肉处于一种比较放松的状态，让自身的呼吸机能以及心血管功能等更好的恢复到正常水平。

二、篮球运动损伤的预防

（一）提高自我保护意识，强化自我保护技能的专门训练

在现代篮球训练中，教练员应该重视培养运动员的自我保护意识。在进行篮球运动的过程中，不可避免地就会有很多的身体对抗环节，并且空中动作也有很多，这些都是比较危险的，所以提高自己的保护意识就显得极为重要。在训练的时候，教练员就应该注重对运动员开展动作保护的训练，从而积极应对可能会出现的意外损伤。对于高水平的运动员而言，他们不仅需要掌握良好的技战术，同时还应该拥有极强的自我保护技能。由此，自我保护意识的养成也应该引起教练员们的重视。

1. 自我保护意识

自我保护包括对可能发生情况的预见以及对其他情况的估计等几个方面的内容。对于运动员而言，其在思想上应该一直紧绷一根“弦”，随时注意自己的安全，但这并不是说在赛场上要畏手畏脚，而是应该胆大、心细地完成各种既定的动作。

2. 自我保护动作

自我保护动作一方面是指运动员在做出相关的动作时应该规范，毕竟规范的动作才是最安全的，如果动作有错误，就不可避免地会给身体带来一些损伤。比如运动员在完成运球之后的转身时，应该以头部的转动带动身体的扭动，而右脚则应该先离开地面，并且应该以前脚掌为轴心从而带动身体的运动，如果运动员在做动作的时候忽略了这步动作，就会使得身体遭受外部的推挤，从而有可能会导致肌群的拉伤。

另一方面，自我保护还包括运动员拥有能够化解或抵消对手伤害性的能力，借助一定的训练，运动员就能够预判对手的动作，从而有效地避开对手可能带来的损伤，显然，这也是进行自我保护训练的一项重要内容。

（二）加强全面身体素质训练，注意对胯关节小肌群和韧带的专门训练

在当前的背景下，运动竞赛的对抗日益激烈，这显然就要求运动员能够拥有更好的身体素质，毕竟体能是基础，只有保持充沛的体力才能发挥出自己团队的作风，才能将各种技术以及战术的威力发挥到最大。让自己的体能得到进一步的提升，还能够有效避免运动损伤发生的可能性。

随着时代的变化，篮球运动的发展趋势也日新月异，我国的篮球训练依然存在着一些问题，比如技术训练开展得较早、运动员的体魄不够强健等，在面对这些情况的时候，教练员更应该集中精力提高运动员的身体素质。

在对运动员进行全面的身体素质训练时，不仅需要加强大肌群的力量，同时还应该注重对小肌群的训练，并训练运动员的力量素质以及柔韧性素质等。

随着篮球技术的发展，那些依靠大关节才能完成的技术动作越来越多，比如以肩为轴心进行运球就需要依靠大关节。在投篮以及控制球等方面，那些胯关节小肌群则发挥出了重要的作用。

大部分疲劳往往是从小肌肉开始的，那些伤病往往是在弱组织中产生的，由于胯关节小肌群组成结构的限制，它们在训练以及比赛的进程中往往更加容易受伤，显然这也会进一步影响大肌群功能的发挥，所以教练员在指导运动员进行训练时，也不应该忽略小肌群的重要作用。

（三）充分做好准备活动和整理活动

不论如何，运动员在比赛或者是训练前都应该充分做好热身活动，这显然是对抗运动损伤的重要措施。在准备的过程中，教练员可以采用静力性的牵张练习，但是在进行训练的时候应该注意以下几个方面的问题。

(1) 缓慢牵拉，逐步到位

在练习的时候，应该尤其重视那些受过伤的肌肉韧带，从而避免因为拉伤而导致的再受伤。

(2) 大、小肌群和韧带的并重牵拉练习

在对各大肌群进行练习的时候，不能忽略对周围小肌群的练习。同时，还应该重视韧带的拉伸。

(3) 按照先牵拉小肌群、韧带，后牵拉大肌群的原则进行牵拉练习

在对大肌群以及韧带进行拉伸的时候，由于牵引的力量是比较大的，所以在进行练习之前应该让这些肌群进行充分的活动，从而避免牵拉伤。在进行胯关节的牵拉时应该采用合理的顺序。

在动力性准备活动中，教练员应该重视对瞬时性生理负荷强度的锻炼，最好能够让其与比赛时的负荷强度相符，从而尽快地调动起各项生理机能，并能够让训练留下痕迹，进一步提高身体的适应性。

整理环节可以让运动员僵硬的肌肉放松下来，让其身体内部的各脏器逐步恢复到原来的状态，并进一步消疲劳，这对于预防运动性损伤显然是具有积极的意义，应该引起教练员的重视。

(四) 加强医务监督，防止过度训练

在篮球运动训练中，无论是篮球的教练还是篮球的运动员，其在训练的过程中都需要讲求科学的训练方法，这样不仅可以提升篮球运动训练的效率和质量，同时还能够增强篮球运动员的身体素质，调节和改善篮球运动员的心理素质等，从而使篮球运动员能够为篮球比赛做好充实的准备。在实际的篮球训练中，人们一定要不断地加强医务监督，督促篮球运动员在训练中控制好训练的量以及度，从而防止出现训练过度的现象，这也会产生十分消极的影响。实际上，我们通过分析国内外大量的篮球运动训练资料就可以发现，很多国家优秀的篮球教练在平时的训练中都十分重视加强医务监督的环节和力度，从而逐步提升篮球训练的质量和实效。通常情况下，医务监督这项工作就包含如下三个不同方面的工作：

第一，在实际的篮球训练中，教练需要经常提醒运动员要养成检查自我身体的习惯，这就要求篮球运动员必须具备基本的自我检测意识，了解自我监测的价值以及意义等，这样才能够逐步增强运动员的内驱力，使其在平时的运动训练中能够更加自觉主动地监测自身每日的体温变化以及其他身体指标变化等。也就是说，在日常的篮球训练中，运动员一定要能够坚持写训练日记，他们不仅需要在日记中记录训练的过程、问题、感受等内容，还需要记录身体的

晨脉数据以及体温数据等，从而为日常训练提供宝贵的参考资料。需要强调的是，对于女性的篮球运动员而言，她们不仅需要记录上述信息，她们还需要记录一些和女性有关的指标数据，如女性的生理期周期等等，这样也便于教练及时地调整训练的方式以及强度等。

第二，对于篮球教练而言，他们在训练中应该时刻地关注篮球运动员在训练中以及训练结束后的身体各项机能的反应，从而及时地调整训练的策略等。例如，教练需要花费较多的时间以及精力来关注篮球运动员的动作灵敏度、速度以及动作的柔韧性等指标，一旦发现运动员的某项动作指标出现了异常的情况，教练就需要叫停运动员的训练。否则这样的训练也是没有实际的意义，甚至可能会产生一些消极的后果，严重地话还可能会影响运动的身体健康，因而这项医务监督十分重要，不可以省略。

第三，在医务监督中还有一项十分重要的内容，那就是教练需要要求运动员定期到指定的医疗机构进行一些必要的医学常规检查，从而获得运动员相对比较新的身体指标数据，如运动员体内的血红蛋白的浓度以及运动员自身的激素含量等等。这些指标数据都非常重要，这也是教练训练篮球运动员的重要参考指标。在具体的操作实践中，教练可以根据获取的运动员的身体机能指标来判断训练的效果以及训练是否合理，从而避免出现训练过度的情况，这其实是非常有益的举动，是需要教练和篮球运动员共同坚持的事情。

（五）经常使用保护支持带

实际上，在篮球训练以及篮球的比赛中，运动员出现损伤以及伤害是比较常见的事情，因而教练和运动员都需要合理地看待运动员受过伤的部位，并且在训练的过程中恰当地处理这些受伤的部位。在具体的操作中，对于那些受过伤的关节以及部位等，篮球运动员需要在训练中经常使用保护支持带，从而对这些受过伤害的关节部位进行一定的保护，防止其受到二次的伤害等。对于大多数篮球运动员而言，训练以及比赛都很重要，因而有时候他们就会忽视受伤的关节部位的保健等，其实这种行为是不可取的，篮球运动员以及教练等都需要高度重视受伤关节部位的保护，这样才可以使运动员可以在较短的时间内获得较快的恢复，为其进一步的训练以及比赛奠定重要的基础。

第四节　篮球运动员损伤的治疗以及康复训练

一、篮球运动员膝部常见损伤的治疗以及康复训练

篮球运动员膝部损伤约占身体各部伤病总数的40%，主要伤病有膝关节韧带损伤、髌骨软骨病、半月板损伤，以及股四头肌挫伤等。膝部伤病的发病机制与现代篮球运动技战术特点对运动员身体素质的特殊要求、膝关节的自身解剖结构和生理功能，以及在身体运动中所发挥的重要作用等因素密切相关。

（一）膝关节韧带损伤

篮球是一种剧烈的运动，因而在篮球运动中，运动员发生身体的损伤是很常见的。通常情况下，篮球运动员在训练以及比赛中比较常发生膝关节韧带损伤，这是因为在篮球的运动中，运动员会大量地使用自身的膝盖，从而导致自身膝关节的韧带发生损伤，这也要引起运动员的重视。膝关节韧带损伤一般包含两种不同的情况：一种就是膝关节内侧的副韧带损伤，另一种就是膝关节外侧的副韧带损伤，这两种不同的韧带损伤发病的概率是不同的，这可能和篮球运动员的运动方式以及动作幅度等有相对比较大的关系。根据大量的经验总结得出，通常篮球运动员的膝关节外侧副韧带损伤比较少发生，一般这种损伤的产生就和运动员自身的膝内翻有一定的联系。在篮球运动场中，一旦篮球运动员的膝关节内侧副韧带发生了损伤，这个时候运动员就会有相对比较明显的症状，即这个时候篮球运动员的膝盖内侧会发生剧痛，甚至有时候还会伴随着一定程度的半膜肌的痉挛现象等，这对于篮球运动员而已也是一种十分痛苦的体验。当运动员在篮球场中遇到这种情况时，现场的工作人员需要及时地对篮球运动员进行治疗，现场治疗的步骤通常如下：首先需要使用氯乙烷对运动员受伤的部位进行局部麻醉和降温的处理，然后就可以使用绷带进行压迫的包扎，当这种简单的包扎完成之后，工作人员就可以进一步地使用冰袋进行冷敷的处理。当这一切处理完之后，篮球运动员就可以根据现场的实际情况决定是否继续上场参加篮球比赛，如果伤情不是很严重，篮球运动员经过简单的包扎处理之后还是可以继续比赛，然而如果篮球运动员的伤情十分严重，这个时候现场的工作人员还是需要及时地把运动员送到就近的医院进行治疗，否则耽误了运动员的治疗，不仅会影响运动员的身体健康，同时还会对运动员的职业生涯产

生一定的消极影响。

膝关节韧带损伤的康复训练：篮球运动员可以在受伤之后的3天时间中进行局部治疗的同时也可以适当地开展一系列有较强针对性的康复训练。从而缓解膝关节韧带损伤。在康复训练中运动员尤其需要注意，一定要保持伸膝肌（股四头肌）和屈膝肌（股二头肌）的肌力，从而使膝关节的韧带恢复得更加稳定，这也有利于运动员的长远身体健康恢复。一般经过一定时间的恢复之后，如果篮球运动员的膝关节内侧副韧带恢复得很好，这个时候运动员就可以继续开展常规的训练以及篮球比赛。

（二）髌骨软骨病

在篮球运动中慢性损伤发病率最高的伤病之一是髌骨软骨病，又称髌骨劳损。髌骨劳损的主要病理变化为髌骨软骨的一种退行性病变，其发病原因主要与局部外伤和疲劳损伤有关，尤其是运动员双膝因篮球运动特点而经常处于半蹲位，反复伸屈扭转，致使髌、股二骨对应关节软骨面相互异常错位、撞击，以及捻转摩擦，构成了该病的主要损伤机制。篮球运动员常为双侧发病，主要表现为膝痛或膝软（尤其是大运动量训练之后）、半蹲痛，以及过伸痛的“三痛”症状。临床检查的髌骨压痛和髌骨周围指压痛率极高，单足半蹲试验均为阳性。

髌骨软骨病的康复训练：以增强股四头肌的力量为主，可采用直接脆练习、非痛感角度静力半蹲练习等发展肌力的等长训练方法。静力半蹲练习的下蹲深度应逐步加大，连续下蹲时间要逐渐延长，直至达到每次15～20分钟。与此同时，还应加强股二头肌的力量训练，使腿前、后侧肌群力量得到平衡发展。康复训练时应特别注意：避免在有疼痛感的膝半蹲角度进行各种发力练习，训练的强度和量以及练习方法，应以不产生明显疼痛和加重髌骨症状为准。

（三）半月板损伤

半月板处于股骨髁和胫骨平台之间，是膝关节重要的静力性稳定装置之一。当膝关节突然做伸屈运动，同时又受到扭转力（如脚和小腿外旋外展、大腿内旋内收、膝内扣）的作用时，其半月板则处于不协调的运动之中，受到上下两骨的挤压、研磨以及捻转，从而造成内、外半月板的撕裂伤。例如运动员做转身跳起投篮动作时，从屈膝、转身，到伸膝跳起，若脚步动作稍有不协调或防守队员冲撞，其作轴腿的膝关节半月板极易发生撕裂。严重的膝关节内侧副韧带断裂也常伴有内侧半月板的撕裂。半月板受伤时常伴有滑膜、韧带的损伤而出现伤侧剧痛，且疼痛恒定在受伤一侧，但确诊往往需做进一步临床检查。膝半月板损伤因现场不易确诊，其现场急救处理可参照膝关节韧带扭伤的处理原则进行，即氯乙烷局部麻醉降温，弹力绷带压迫包扎，制动，抬高伤肢，继续用冰袋冷敷。

半月板损伤的康复训练：可在手术两周后开始。训练要点除参照膝关节副韧带损伤后的康复训练外，还需特别注意三点：第一，经常将患侧“膝眼”与健侧进行比较，以鉴别观察伤侧关节有无肿胀积液现象。若出现此症，应酌情减少运动强度和量。第二，先进行周期性运动，再做非周期性练习。第三，运动强度和量以受伤关节不出现明显的疼痛和肿胀积液为度。

二、篮球运动员腰部常见损伤的治疗以及康复训练

（一）急性腰扭伤

急性腰扭伤主要指发生于腰部、腰低部的肌肉、筋膜、韧带损伤及关节扭伤，常因运动员在力量训练提重物时腰部动作不正确，或比赛中腰部伸屈伴扭转（如进攻队员在持球突破中使用交叉步）动作不协调，加之腰背肌力不足而突然受伤，并常反射性引起下肢或臀部疼痛，腰不能伸直。当以腰肌拉伤和棘间韧带擦伤为主时，局部常肿胀，伴有压痛，不能弯腰；若小关节及附件有伤，则表现出腰部突然不能活动。在未确诊损伤的具体部位和类型前，现场处理切忌盲目使用手法治疗，应让队员平（俯）卧休息，冰袋冷敷局部。

急性腰扭伤的康复训练：康复训练中应逐步加强腰、腹肌力量的练习。康复早期训练应以徒手练习为主，阻抗负荷要缓慢加量，练习动作的幅度和速度应由小到大，循序渐进。练习结束后应特别注意放松腰部肌肉，如经常性的自我腰部按摩。

（二）腰肌劳损

对于篮球运动员而言，他们在长期的训练以及运动中很有可能会出现腰肌劳损的情况，即篮球运动员在运动中出现了急性的腰部扭伤之后没有进行及时的治疗，同时运动员的腰部还需要承受大量的运动，这样就极其容易出现腰肌劳损的情况。需要强调的是，篮球运动员的腰肌劳损是在长期的过程中形成的一种慢性损伤，因而这种情况更加需要引起篮球运动员以及教练的关注，否则腰肌劳损的治疗和康复也需要运动员花费大量的时间以及精力。具体分析而言，当篮球运动员出现腰肌劳损的损伤时，他们就会经常感觉到自己的腰部非常酸痛，虽然这种酸痛感并不是很剧烈或者猛烈，然而这种感觉却会持续十分

长的时间，尤其当篮球运动员刚刚经历了大量的运动之后，这种腰部的酸痛感就会更加明显，同时还会在运动员身体的臀部以及大腿部位扩散，这也是一种十分难受的感觉。

腰肌劳损的康复训练：腰肌劳损是一个长期的慢性损伤，因而在康复训练中并没有什么特别有效的快速治疗手段，它的康复主要就是要求篮球运动员一定要能够持之以恒地坚持康复，同时根据每个篮球运动员腰肌损伤的程度以及类型等选择适合他的康复方法，从而达到比较好的恢复效果。在运动员腰肌劳损的康复训练中一定要把握好训练的幅度，刚开始的时候一定要动作幅度比较小，动作的速度也要相应减慢，从而使运动员慢慢地适应康复的节奏。

三、篮球运动员肩部常见损伤的治疗以及康复训练

由于篮球运动中进攻是在对抗条件下完成各种传、投、接、抢、运等动作，故易发生肩袖损伤。肩袖损伤又称肩袖损伤性肌腔炎，发病机理与肩关节外展、内旋或过伸，肱骨大结节长期超常范围急剧转动、劳损、牵拉、摩擦有关。患者常感肩痛，尤其是上臂外展 60°～120°区间。肩部活动受限，肌肉萎缩，肱骨大结节处有压痛。急性发作期间，应暂停训练，肩关节制动，上臂外展 30°固定，以减小有关肌肉张力而减轻疼痛症状。

篮球运动员肩部损伤的康复训练：急性期后即应进行有针对性的康复训练，如肩关节的回旋、旋转运动和肩外展 90°位负重静力练习等，以改善局部血液循环，增强肩部外展肌群，尤其是三角肌的力量，防止肌肉萎缩。康复训练要以肩部不产生疼痛为原则。积极治愈肩部的微小损伤、强化肩部外展肌群的力量训练（如前臂侧平举抗阻练习等）和注重力量训练后的放松练习是预防肩袖损伤的两个关键环节。

四、篮球运动员肘部常见损伤的治疗以及康复训练

（一）肘关节内侧软组织损伤

篮球运动中肘关节内侧软组织损伤，多因双方队员空中（单臂）同时争球时，一方队员用力较猛，造成前臂力量较弱的对方队员的肘关节被动外翻和过伸，或因摔倒时前臂保护性外展、外旋支撑而致伤。伤患最为多见的是内侧韧带撕裂伤，严重受伤时往往合并其他组织的损伤，如尺侧关节囊撕裂等。受伤后肘关节尺侧肿胀，关节功能障碍，肘内侧有明显的压痛点。现场用氯乙烷喷湿局部后压迫包扎，前臂旋前、肘屈 90°位，用托板或三角巾固定于胸前，

冰袋敷局部。

肘关节内侧软组织损伤的康复训练：受伤一周后，配合临床治疗，逐步开始康复训练。主要目的在于防止关节粘连和逐步增强前臂肌力。练习中，一方面必须采取保护措施，如使用护肘、黏膏支持带等；另一方面避免重复受伤机制的动作，阻抗负荷也应逐步增加。

（二）肘关节脱位

一般情况下，当篮球队员摔倒在地上时他们都会用自己的前臂来支撑之下，从而保护身体其他部位免受伤害，这种情况就很容易造成肘关节脱位，尤其是后脱位发生。当运动员在赛场上发生肘关节脱位时，人们应该在现场就进行简单的处理，即先用氯乙烷进行麻醉以及降温的处理，然后用绷带进行处理，之后采用相应的托板进行固定的处理，然后再根据实际的情况确定下一步的救治方案。

肘关节脱位的康复训练：康复训练中可以使用握拳、转动肩膀等动作，从而使运动员的前臂可以动起来，加强这个部位的血液循环，这也可以使肘关节脱位可以很快消肿。当把固定的辅助品去掉之后就可以坚持开展肘关节的伸屈运动以及前臂旋转的动作，一定要坚持不懈地训练，并且要控制好力度，这样才可以达到好的效果。

强化倒地时正确的保护性技术动作是预防肘关节脱位的最重要环节；身体向后倒地时，前臂应外展、稍内旋（禁忌外旋），肘关节微屈（禁忌过伸）、后支撑，膝关节微屈，在身体着地的一瞬间用力向后蹬，以分解倒地时的垂直作用力，避免肘关节脱位和尾椎骨受伤。

参考文献

[1] 安康. 现代篮球运动中抢篮板球的技术和配合 [J]. 散文百家, 2016 (6).

[2] 白敬锋. 篮球运动传播 [M]. 北京: 旅游教育出版社, 2019.

[3] 柏杨. 校园篮球 [M]. 上海: 东华大学出版社, 2019.

[4] 陈树华, 许永刚. 篮球运动训练理论与方法 [M]. 广州: 广东高等教育出版社, 2000.

[5] 葛星. 篮球运动员心理训练的研究综述 [J]. 灌篮, 2021 (33).

[6] 郭垂峰. 心理训练与篮球运动成绩探析 [J]. 文理导航 (中旬), 2012 (1).

[7] 杭兰平, 王立彬. 大学校园篮球运动教程 [M]. 西安: 西北工业大学出版社, 2016.

[8] 胡磊, 张超. 篮球运动技战术与体能营养研究 [M]. 成都: 西南交通大学出版社, 2018.

[9] 胡绪, 李俊强. 青少年篮球运动员意识的培养与训练 [J]. 当代体育科技, 2017 (19).

[10] 黄滨, 翁荔, 周勇, 等. 篮球运动 [M]. 杭州: 浙江大学出版社, 2014.

[11] 孔树强. 青少年篮球运动技战术意识的训练 [J]. 大科技, 2019 (8).

[12] 李广亮. 篮球运动体能训练基本原则与方法 [J]. 当代体育科技, 2019 (1).

[13] 李瑞. 分析篮球教学中的影响因素及对策建议 [J]. 长江丛刊, 2017 (16).

[14] 李文强. 高校篮球运动体能训练和战术意识培养探讨 [J]. 灌篮, 2021 (36).

[15] 梁超. 篮球运动体能训练要点及方法研究 [J]. 拳击与格斗, 2022

(1).

[16] 刘成海. 现代篮球运动技战术创新理念研究 [J]. 当代体育科技, 2019 (32).

[17] 刘丹. 球类运动训练理念批判篮球、足球、曲棍球、手球、冰球训练理论探索 [M]. 北京: 北京体育大学出版社, 2006.

[18] 刘海明. 基于系统科学理论的篮球运动训练管理与方法探索 [M]. 北京: 中国原子能出版社, 2018.

[19] 刘静民, 李晓甜. 大学体育与健康 [M]. 上海: 同济大学出版社, 2017.

[20] 刘欣然. 篮球运动健身理论与技能训练研究 [M]. 沈阳: 辽宁大学出版社, 2019.

[21] 刘学奎, 刘彬, 李斌. 篮球运动教育教程 [M]. 长春: 吉林大学出版社, 2017.

[22] 刘昱涛. 论高校篮球运动员意识的培养与训练 [J]. 科技信息, 2007 (27).

[23] 刘子瑜. 高校篮球教学中的战术训练方法研究 [J]. 灌篮, 2021 (7).

[24] 鹿耀辉. 浅析篮球运动的功能 [J]. 灌篮, 2021 (36).

[25] 满庆寿. 篮球运动训练理念研究 [J]. 丝路视野, 2017 (24).

[26] 毛剑杨, 刘海磊. 篮球运动理论与育人实现途径研究 [M]. 成都: 西南交通大学出版社, 2018.

[27] 潘晓忠. 篮球运动员的意识培养 [J]. 今日科苑, 2010 (20).

[28] 石颖. 青少年篮球教学训练体系研究 [M]. 长春: 吉林大学出版社, 2021.

[29] 苏松鹏. 对篮球运动中加强防守教学与训练理论问题的研究 [J]. 运动精品 (学术版), 2017 (10).

[30] 孙洁. 体育文化研究的多向度审视 [M]. 天津: 天津科学技术出版社, 2020.

[31] 孙民治. 现代篮球高级教程 [M]. 北京: 人民体育出版社, 2004.

[32] 谭朕斌. 篮球运动基本理论与实践研究 [M]. 北京: 北京体育大学出版社, 2007.

[33] 谭朕斌. 青少年篮球运动理论与实践研究 [M]. 北京: 北京体育大学出版社, 2016.

[34] 王浩宇. 高校篮球运动体能训练和战术意识培养策略分析 [J]. 灌

篮，2022（6）.

［35］王荣．篮球教学与训练的多维探究［M］．天津：天津科学技术出版社，2020.

［36］王世杰．现代篮球运动传接球技术探讨［J］．哈尔滨体育学院学报，1991（1）.

［37］王新．高校篮球训练研究［M］．长春：东北师范大学出版社，2019.

［38］王岩峰，张速杰．篮球运动干预对大学生心理危机影响的研究［J］．灌篮，2020（14）.

［39］王智．浅谈篮球意识的培养与提高［J］．灌篮，2021（2）.

［40］吴扣龙．高校篮球队员心理素质现状及训练情况调查［J］．山东农业工程学院学报，2019，36（10）.

［41］吴雪瑜．归因理论运用于篮球运动训练中的对策浅析［J］．体育风尚，2020（12）.

［42］向超宗．大学体育选项课教程［M］．重庆：重庆大学出版社，2019.

［43］熊伟．篮球运动损伤的预防与处理［J］．灌篮，2021（30）.

［44］徐斌．对我国篮球运动训练若干问题的思考与建议［J］．才智，2021（25）.

［45］许海玥．篮球运动损伤综述［J］．灌篮，2021（34）.

［46］杨海平，廖理连，张军．实用体能训练指南［M］．广州：广东高等教育出版社，2013.

［47］于佳智，于晶．篮球运动员心理训练的研究综述［J］．当代体育科技，2021，11（27）.

［48］袁洋．当代竞技篮球运动战术的训练策略探讨［J］．当代体育科技，2013（34）.

［49］张皓妍．浅谈高校篮球运动体能训练新理念［J］．传播力研究，2020（10）.

［50］张红．篮球实用教程［M］．昆明：云南大学出版社，2011.

［51］张世林，李丹．运动训练周期理论研究：现代篮球运动训练贯彻周期性原则的特点与要求［J］．南京体育学院学报，2000（4）.

［52］张伟，肖丰．高校篮球运动教学理论与方法研究［M］．北京：新华出版社，2019.

［53］赵崇山．现代篮球训练方法实践与探索［M］．哈尔滨：哈尔滨地图

出版社，2007.

[54] 赵庆彬．谈篮球运动中团队精神的培养［J］．文体用品与科技，2022（3）．

[55] 中国篮球协会．篮球运动实用知识国际篮联推广普及篮球运动读物［M］．北京：中国工人出版社，2001.

[56] 钟振宏，朱从庆，郑裔军．运动心理学在我国篮球项目中的研究现状分析［J］．山西师大体育学院学报，2005（S1）．